한자, 원리를 알면 쉽게 배운다 ③

덧셈으로 배우는
회의한자

기획·편집 어린이 선비교실
그림 홍태희

자유지성사

책머리에

 사슴 한 마리가 있었습니다. 사슴은 자신의 모습을 몹시 자랑스러워하였습니다. 아름다운 뿔, 늘씬한 등허리, 커다란 눈, 모두 아름다웠습니다. 그중에서도 왕관같은 뿔은 사슴의 가장 큰 자랑거리였습니다.
 하지만 긴 다리만은 너무 불만스러웠습니다.
 어느 날이었습니다. 무서운 호랑이 한 마리가 어흥! 하고 달려들었습니다. 사슴은 있는 힘을 다해 도망쳤습니다.
 얼마나 빠르게 달리는지 호랑이도 따라잡을 수가 없었습니다. 그런데 나무가 빼곡하게 들어찬 숲 속에서 사슴은 꼼짝할 수가 없었습니다. 뿔이 나뭇가지에 걸렸던 것입니다. 호랑이는 점점 다가오고 있었습니다.
 "미운 다리는 나를 살리는데 아름다운 뿔이 나를 죽이는구나!"
 사슴은 엉엉 울음을 터뜨리고 말았습니다.
 위의 이야기처럼 한자는 우리 생활에서 없어서는 안 될, 중요한 '사슴 다리' 같은 것입니다. 만약에 어렵다고 생각하고 팽개친다면, 다리가 얼마나 중요한 역할을 하는지를 일찍 깨닫지 못한 사슴처럼 되고 말 것입니다.
 한자는 결코 어려운 공부가 아닙니다. 욕심내지 말고 한자, 한 자 익히다 보면 여러분은 어느새 한자 박사가 되어 있을 거예요.
 이 책은 여러분을 '한자 박사'로 이끌어 줄 좋은 친구가 될 것입니다.

엮은이   어린이 선비교실

창의력이 쑥쑥 회의한자!

- 회의한자는 상형한자나 지사한자를 서로 결합하여 만든 새로운 글자입니다.

- 회의한자는 상형한자나 지사한자의 뜻을 모아 새로운 의미를 갖습니다.

- 어린이가 좋아하는 소재의 그림들로 구성하여 처음부터 끝까지 흥미 있게 공부할 수 있도록 하였습니다.

- 우리 실생활에서 많이 사용하는 활용 단어를 모았습니다.

- 배운 한자를 충분히 연습할 수 있도록 하였습니다.

- 한국어문회에서 실시하는 한자능력검정시험 문제를 기준으로 하였습니다.

한자는 글자 하나하나가 뜻을 지니고 있는 **뜻글자**입니다.
따라서 각각의 한자는 모두 고유한 **모양·뜻·소리**를 가지고 있는데, 이것을 **한자의 3요소**라고 합니다.

모양	日	月	川	牛
뜻	날	달	내	소
소리	일	월	천	우

한자는 만들어진 원리에 따라 **상형·지사·회의·형성**으로 구분합니다. **전주·가차**는 만들어진 글자들을 다른 뜻으로 전용해 쓰는 운용 방법을 말합니다.

상형(象形)

구체적인 사물의 모양을 본떠서 만든 글자

日(일), 月(월)
山(산), 川(천)

지사(指事)

추상적인 생각이나 뜻을 도형적 기호로 나타낸 글자

上(상), 下(하)
本(본), 末(말)

회의(會意)

두 개 이상의 글자를 결합하여 새로운 뜻을 나타낸 글자

林(림), 友(우)
明(명), 信(신)

형성(形聲)

뜻을 나타내는 글자와 음을 나타내는 글자를 합쳐서 새로운 뜻을 나타낸 글자

江(강), 花(화)
村(촌), 晴(청)

한자를 쓰는 순서

1. 왼쪽에 있는 점획부터 차츰 오른쪽으로 써 갑니다.

   川 → ノ 川 川

2. 위에 있는 점획부터 차츰 아래로 써 내려갑니다.

   二 → 一 二

3. 가로획과 세로획이 교차될 때에는 가로획부터 먼저 씁니다.

   十 → 一 十

4. 삐침 ノ 과 파임 ＼ 이 만날 때에는 삐침을 먼저 씁니다.

   人 → ノ 人   大 → 一 ナ 大

5. 글자의 모양에 가운데 부분이 있고, 좌우가 대칭일 때에는 가운데를 먼저 씁니다.

   小 → 亅 小 小   水 → 亅 기 水 水

6. 바깥쪽과 안쪽이 있을 때에는 바깥쪽을 먼저 씁니다.

   目 → 丨 冂 目 目 目

7. 전체를 꿰뚫는 획은 나중에 씁니다.

   女 → く 女 女   母 → 乚 毋 毋 母 母

8. 오른쪽 위의 점은 나중에 씁니다.

   犬 → 一 ナ 大 犬

차 례

左右東孝兄兵幸有家氷反及取原步士者元光友共同命令充分公安全肯

- 왼쪽 좌 8
- 오른쪽 우 9
- 동녘 동 10
- 효도 효 11
- 맏 형 12
- 군사 병 13
- 다행 행 14
- 있을 유 15
- 집 가 16
- 얼음 빙 17
- 돌이킬 반 20
- 미칠 급 21
- 취할 취 22
- 근원 원 23
- 걸음 보 24
- 선비 사 25
- 놈 자 26
- 으뜸 원 27
- 빛 광 28
- 벗 우 29
- 함께 공 32
- 한가지 동 33
- 목숨 명 34
- 명령할 령 35
- 가득할 충 36
- 나눌 분 37
- 공평할 공 38
- 편안할 안 39
- 온전할 전 40
- 즐길 긍 41

字典先史成名天夫世正

- 글자 자 44
- 법 전 45
- 먼저 선 46
- 역사 사 47
- 이룰 성 48
- 이름 명 49
- 하늘 천 50
- 지아비 부 51
- 세대 세 52
- 바를 정 53

合半早卒化必爭周我否

- 합할 합 58
- 절반 반 59
- 이를 조 60
- 마칠 졸 61
- 변화할 화 62
- 반드시 필 63
- 다툴 쟁 64
- 두루 주 65
- 나 아 66
- 아닐 부 67

里	마을 리	70
州	고을 주	71
囚	가둘 수	72
困	곤란할 곤	73
伐	칠 벌	74
危	위태할 위	75
此	이 차	76
束	묶을 속	77
戒	경계할 계	78
舌	혀 설	79
言	말씀 언	82
食	밥 식	83
香	향기 향	84
黑	검을 흑	85
白	흰 백	86
赤	붉을 적	87
用	쓸 용	88
蟲	벌레 충	89
骨	뼈 골	90
走	달릴 주	91
行	다닐 행	94
某	아무 모	95
因	인할 인	96
多	많을 다	97
內	안 내	98
外	바깥 외	99
古	옛 고	100
今	이제 금	101
吉	길할 길	102
表	겉 표	103

學	배울 학	134
教	가르칠 교	135
社	모일 사	136
會	모일 회	137
道	길 도	138
相	서로 상	139
直	곧을 직	140
省	살필 성	141
春	봄 춘	144
冬	겨울 동	145

告	알릴 고	108
音	소리 음	109
色	빛 색	110
國	나라 국	111
邑	고을 읍	112
企	바랄 기	113
或	혹 혹	114
是	옳을 시	115
無	없을 무	116
美	아름다울 미	117
善	착할 선	120
差	차이 차	121
然	그럴 연	122
各	각각 각	123
異	다를 이	124
路	길 로	125
市	저자 시	126
區	구역 구	127
班	나눌 반	128
間	사이 간	129
後	뒤 후	132
界	지경 계	133

· 배운 한자를 써 봅시다.
/18,19,30,31,42,43,54,55,68,69,
80,81,92,93,104,105,118,119,130,
131,142,143,146

· 배운 한자의 뜻과 음을 써 봅시다.
/56,57,106,107,147,148

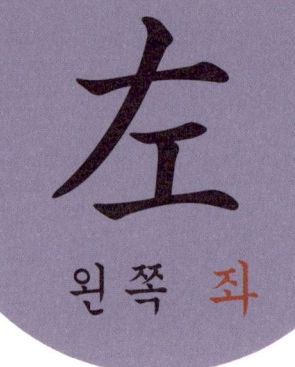

왼쪽 좌

왼쪽이라는 뜻입니다.
좌라고 읽습니다.

| 글자가 만들어진 과정 |

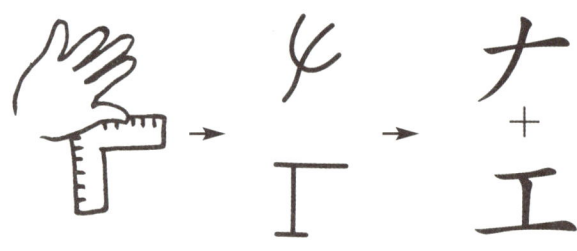

왼손을 뜻하는 ナ와 工(장인 공)을 합하여 만든 글자입니다. 목수가 자를 들고 일할 때에 왼손이 돕는다는 뜻을 나타냅니다.

 순서대로 예쁘게 써 보세요.

一 ナ 𠂇 𠂇 左 5획

| 낱말 | 左右間(좌우간) : 이렇든 저렇든 간에
左側(좌측) : 왼쪽 |

右
오른쪽 우

오른쪽이라는 뜻입니다.
우라고 읽습니다.

글자가 만들어진 과정

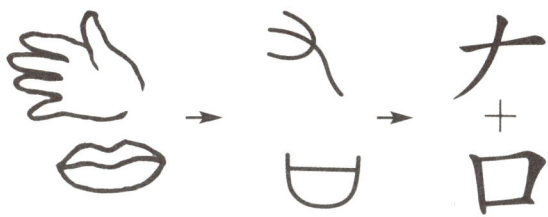

오른손을 뜻하는 ナ와 口(입 구)를 합하여 만든 글자입니다. 일을 하는 데 오른손만으로는 모자라 입으로 돕는다는 뜻이며, '오른쪽'의 뜻으로도 쓰입니다.

순서대로 예쁘게 써 보세요.

ノ ナ 大 右 右   5획

右				
右				

낱말
右往左往(우왕좌왕): 갈피를 못 잡고 왔다갔다함
右側(우측): 오른쪽

東
동녘 동

동녘(동쪽)이라는 뜻입니다.
동이라고 읽습니다.

글자가 만들어진 과정

木(나무 목)과 日(날 일)을 합하여 만든 글자입니다. 아침 해가 나무의 중간까지 떠오른 모양을 본떴으며, '동쪽'이라는 의미입니다.

👞 순서대로 예쁘게 써 보세요.

一 厂 戸 戸 百 申 東 東 8획

낱말
東海(동해): 우리나라의 동쪽 바다
東風(동풍): 동쪽에서 부는 바람

효도 효

효도라는 뜻입니다.
효라고 읽습니다.

글자가 만들어진 과정

老(늙을 로)의 획 줄임인 耂에 子(아들 자)를 합하여 만든 글자입니다. 아들이 늙은 부모를 업고 있는 모습이며, '부모를 잘 섬기다', 곧 '효도'를 의미합니다.

순서대로 예쁘게 써 보세요.

一 十 土 耂 耂 孝 孝   7획

낱말
孝女(효녀) : 효도하는 딸
孝道(효도) : 부모를 공경하고 받들어 모심. 효행의 도

兄
맏 형

맏이라는 뜻입니다.
형이라고 읽습니다.

글자가 만들어진 과정

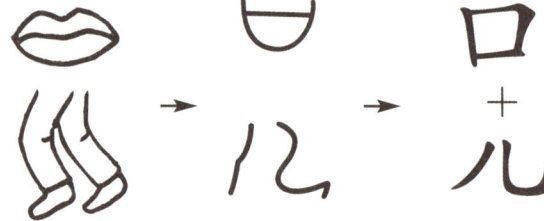

口(입 구)와 人(사람 인)의 변형인 儿을 합하여 만든 글자입니다. 먼저 태어나 걷게 되고, 동생에게 어진 말을 하는 사람이 형이라는 뜻입니다.

 순서대로 예쁘게 써 보세요.

丨 口 口 尸 兄   5획

| 낱말 | 兄弟(형제) : 형과 아우
兄夫(형부) : 언니의 남편 |

兵
군사 병

군사라는 뜻입니다.
병이라고 읽습니다.

글자가 만들어진 과정

𠂤 → 兯 → 兵

斤(도끼 근)과 共(맞잡을 공)의 변형인 丌을 합하여 만든 글자입니다. 무기를 두 손으로 들고 나가 싸우는 사람이 '병사', '군사'라는 뜻입니다.

순서대로 예쁘게 써 보세요.

丿 亻 斤 斤 丘 兵 兵 7획

낱 말
兵士(병사) : 군사, 사병
兵器(병기) : 전쟁에 쓰는 모든 기구의 총칭

幸
다행 행

다행이라는 뜻입니다.
행이라고 읽습니다.

글자가 만들어진 과정

일찍 죽는 것을 뜻하는 夭와 거스름을 뜻하는 屰을 합하여 만든 글자입니다. 일찍 죽는 것에서 벗어나 오래 사는 것은 '다행', '요행'이라는 뜻을 나타냅니다.

순서대로 예쁘게 써 보세요.

一 十 土 十 去 去 去 幸 幸 8획

낱말 幸福(행복) : 복된 운수
      多幸(다행) : 일이 뜻밖에 잘됨

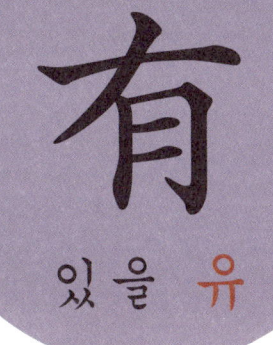

有
있을 유

있다라는 뜻입니다.
유라고 읽습니다.

글자가 만들어진 과정

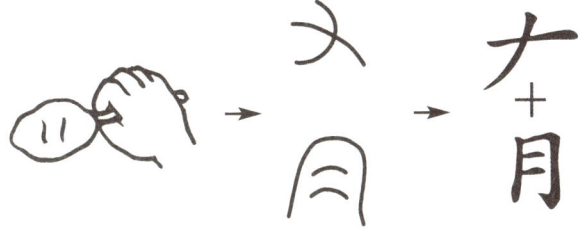

손을 뜻하는 ナ에 月(肉:고기 육의 변형)을 합하여 만든 글자입니다. 손에 고기를 가지고 있어서 '있다', '가지다' 라는 뜻을 나타냅니다.

 순서대로 예쁘게 써 보세요.

ノ ナ ナ 冇 有 有   6획

낱말
有感(유감):감정, 느낌이 있음
有名(유명):세상에 이름이 널리 알려짐

집 가

집이라는 뜻입니다.
가라고 읽습니다.

글자가 만들어진 과정

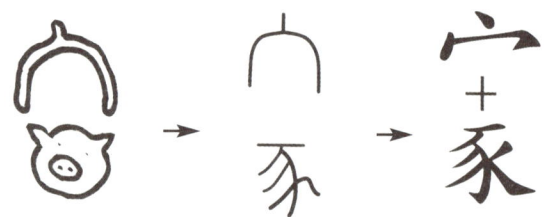

집 모양을 뜻하는 宀와 豕(돼지 시)를 합하여 만든 글자입니다. 사람이 집을 새로 지어 돼지를 놓고 고사를 지낸 데서 만들어졌습니다.

순서대로 예쁘게 써 보세요.

丶 丷 宀 宀 宀 穷 穷 家 家 家 10획

낱말 家計簿(가계부) : 집안 살림의 수입 지출을 적는 장부
家庭(가정) : 한 가족이 살림하고 있는 집안

氷
얼음 빙

얼음이라는 뜻입니다.
빙이라고 읽습니다.

글자가 만들어진 과정

옛 글자는 冰입니다. 얼음 표면에 나타난 줄 모양을 뜻하는 冫와 水(물 수)를 합하여 만든 글자입니다. 물이 얼어붙어서 '얼음'이 된다는 뜻입니다.

순서대로 예쁘게 써 보세요.

丨 丬 扌 氺 氷   5획

낱말
氷水(빙수) : 덩어리 얼음을 깎아 눈처럼 만든 청량 음료
氷點(빙점) : 물이 얼거나 녹기 시작하는 온도, 곧 0°C

 배운 한자를 써 봅시다.

左	右	東	孝	兄
왼쪽 **좌**	오른쪽 **우**	동녘 **동**	효도 **효**	맏 **형**

배운 한자를 써 봅시다.

兵	幸	有	家	氷
군사 **병**	다행 **행**	있을 **유**	집 **가**	얼음 **빙**

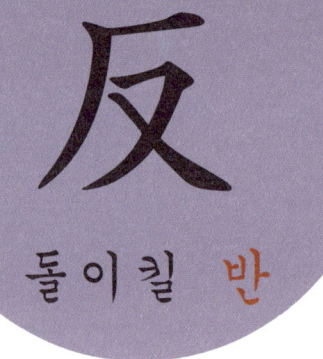

反
돌이킬 반

돌이키다라는 뜻입니다.
반이라고 읽습니다.

글자가 만들어진 과정

바위를 뜻하는 厂와 손을 뜻하는 又를 합하여 만든 글자입니다. 돌을 손으로 뒤짚었다 엎었다 한다는 뜻으로 '돌이키다', '뒤치다'의 의미를 나타냅니다.

 순서대로 예쁘게 써 보세요.

一 厂 厃 反   4획

낱말 反對(반대):어떤 사물과 대립 관계에 있음. 남의 말이나 의견에 찬성하지 않고 뒤집어 거스름

미칠 급

미치다(이르다)라는 뜻입니다.
급이라고 읽습니다.

글자가 만들어진 과정

人(사람 인)에 又(오른손을 뜻함)를 합하여 만든 글자입니다. 먼저 간 사람을 뒤쫓아가서 가까스로 따라잡아 허리에 오른손이 미치게 되었다는 뜻이며, '미치다', '이르다'라는 의미로 쓰입니다.

순서대로 예쁘게 써 보세요.

ノ 丆 乃 及 4획

낱말
及第(급제) : 과거나 시험에 합격함
可及的(가급적) : 될 수 있는 대로. 형편이 닿는 대로

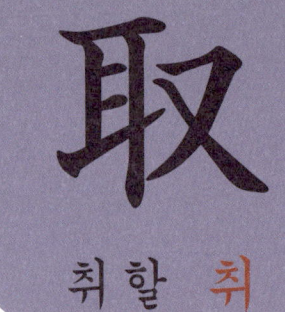

취할 취

취하다라는 뜻입니다.
취라고 읽습니다.

글자가 만들어진 과정

耳에 오른손을 뜻하는 又을 합하여 만든 글자입니다. 옛날에 전쟁에서 적을 죽이면 증거물로 귀를 손으로 잘라 가졌다는 데서 유래합니다.

순서대로 예쁘게 써 보세요.

一 丅 T F E 耳 耴 取 8획

낱말
取得(취득) : 자기 소유로 함. 수중에 넣음
取消(취소) : 기재하거나 진술한 사실을 말살함

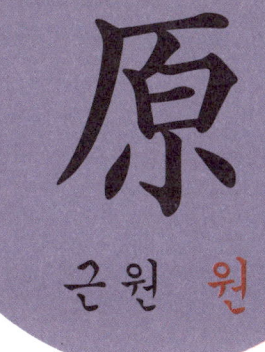

근원 원

근원이라는 뜻입니다.
원이라고 읽습니다.

글자가 만들어진 과정

기슭을 뜻하는 厂에 泉(泉의 변형)을 합하여 만든 글자입니다. 산기슭의 바위 밑에서 솟아나는 샘이 물줄기의 근본이 된다는 의미로 '근본'을 뜻하며, 그 물줄기가 벌판으로 흐른다 하여 '벌판'이라는 뜻으로도 쓰입니다.

순서대로 예쁘게 써 보세요.

一 厂 厂 尸 厉 厉 盾 原 原 原 10획

原				
原				

낱말
原來(원래) : 본디. 전부터
原質(원질) : 근본이 되는 성질. 바탕

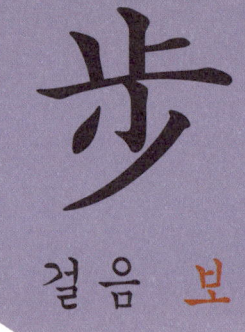

걸음 보

걸음이라는 뜻입니다.
보라고 읽습니다.

글자가 만들어진 과정

발을 뜻하는 止와 少(止:그칠 지의 변형)을 합하여 만든 글자입니다. 사람이 발바닥을 땅에 딛고 두 발로 걸어간다는 의미로 '걸음', '걷다' 라는 뜻으로 쓰입니다.

 순서대로 예쁘게 써 보세요.

丨 ㅏ 止 止 歨 步 步   7획

낱말   步行(보행):무엇을 타지 않고 걸어서 감
步道(보도):사람이 걸어다니는 길

선비 사

선비라는 뜻입니다.
사라고 읽습니다.

글자가 만들어진 과정

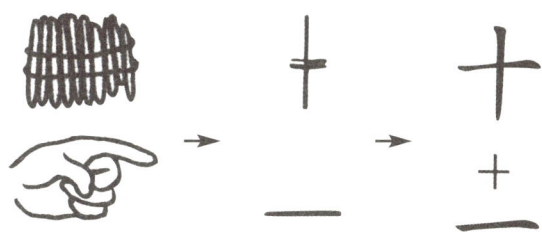

十과 一을 합한 글자입니다. 하나를 배우면 열을 깨우치는 사람이 곧 '선비'라는 뜻입니다.

 순서대로 예쁘게 써 보세요.　一　十　士　3획

| 낱 말 | 士大夫(사대부) : 문벌이 높은 사람
學士(학사) : 대학을 졸업한 사람에게 주는 학위의 칭호 |

놈 자

놈(것)이라는 뜻입니다.
자라고 읽습니다.

글자가 만들어진 과정

냄비에 삶고 있는 곡물을 이것 저것 구별하라는 의미로 '것' 의 뜻을 나타내며, '사람'을 가리키는 뜻으로도 쓰입니다.

순서대로 예쁘게 써 보세요.

9획

| 낱 말 | 記**者**(기자): 신문, 잡지 등의 기사를 집필, 편집하는 사람
學**者**(학자): 학문에 통달하거나 학문을 연구하는 사람 |

으뜸 원

으뜸이라는 뜻입니다.
원이라고 읽습니다.

글자가 만들어진 과정

二(上의 변형)에 儿(人의 변형)을 합하여 만든 글자입니다. 사람에게서 으뜸인 것이 머리라는 의미로 '으뜸', '처음'의 뜻을 나타냅니다.

 순서대로 예쁘게 써 보세요.　一　二　テ　元　4획

낱말
元利(원리): 원금과 이자
元子(원자): 임금의 맏아들

光
빛 광

빛이라는 뜻입니다.
광이라고 읽습니다.

글자가 만들어진 과정

业(火의 변형)에 儿(人의 변형)을 합하여 만든 글자입니다. 손에 횃불을 들고, 가는 길목을 밝게 비춘다는 의미로 '빛', '빛나다'라는 뜻입니다.

순서대로 예쁘게 써 보세요.

丨 丨 丬 业 屶 光   6획

낱말
光明(광명) : 밝고 환함
光彩(광채) : 찬란한 빛. 빛의 무늬

벗 우

벗(친구)이라는
뜻입니다.
우라고 읽습니다.

글자가 만들어진 과정

왼손을 뜻하는 ナ와 오른손을 뜻하는 又를 합하여 만든 글자입니다. 손잡은 사람끼리 서로 친하게 돕는다는 의미로 '벗', '친구'를 뜻합니다.

 순서대로 예쁘게 써 보세요.   一 ナ 方 友   4획

낱말
友情(우정) : 친구 사이의 정
友愛(우애) : 형제나 친구 사이의 사랑하는 마음

 배운 한자를 써 봅시다.

反	及	取	原	步
돌이킬 **반**	미칠 **급**	취할 **취**	근원 **원**	걸음 **보**

배운 한자를 써 봅시다.

士	者	元	光	友
선비 사	놈 자	으뜸 원	빛 광	벗 우

함께 공

함께라는 뜻입니다.
공이라고 읽습니다.

글자가 만들어진 과정

廾(숫자 20을 뜻함)과 ㅠ(맞잡을 공의 변형)을 합하여 만든 글자입니다. 많은 사람들이 함께 받쳐든다는 의미로 '함께', '같이'의 뜻을 나타냅니다.

순서대로 예쁘게 써 보세요.

一 十 廾 쓔 共 共 6획

낱말
共同(공동) : 여러 사람이 같은 자격으로 모이는 결합
共犯者(공범자) : 공모하여 죄를 지은 사람

한가지 동

한가지 라는 뜻입니다.
동 이라고 읽습니다.

글자가 만들어진 과정

여러 사람들이 같은 의견을 말하여 서로 가까워지고 합하여진다는 의미입니다. '한가지', '같다'의 뜻으로 쓰입니다.

 순서대로 예쁘게 써 보세요.

丨 冂 冂 冋 同 同 6획

낱말
同感(동감) : 어떤 의견에 다른 이와 생각을 같이하는 것
同甲(동갑) : 같은 나이

목숨 명

목숨이라는 뜻입니다.
명이라고 읽습니다.

글자가 만들어진 과정

令(명령할 령)과 口(입 구)를 합하여 만든 글자입니다. 임금이 내린 명령은 목숨을 걸고 지켜야 한다는 의미로 '목숨'이라는 뜻입니다.

순서대로 예쁘게 써 보세요.

ノ 人 亼 수 슦 合 슮 命   8획

낱말
命中(명중) : 겨냥한 곳에 바로 맞힘
生命(생명) : 목숨. 사물을 유지하는 기한

令
명령할 령

명령하다라는 뜻입니다.
령이라고 읽습니다.

글자가 만들어진 과정

亼(모임을 뜻함)에 卩(무릎 꿇음을 뜻함)을 합하여 만든 글자입니다. 대장이 졸병들을 모아 무릎을 꿇리고 명령한다는 의미입니다.

 순서대로 예쁘게 써 보세요.

ノ 人 亼 今 令 5획

낱말
- 口令(구령) : 단체 행동의 동작을 일제히 하도록 부르는 호령
- 命令(명령) : 윗사람이 아랫사람에게 내리는 분부

充
가득할 충

가득하다라는 뜻입니다.
충이라고 읽습니다.

글자가 만들어진 과정

云(갓난아이를 뜻함)에 儿(人의 변형)을 합하여 만든 글자입니다. 갓난아이를 걸을 수 있을 정도까지 키우려면 정성이 가득해야 한다는 의미입니다.

 순서대로 예쁘게 써 보세요.

、 亠 去 云 㐬 充   6획

낱말
補充(보충) : 모자람을 보태어 채움
充分(충분) : 분량이 넉넉하여 모자람이 없음

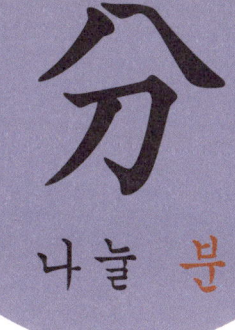

나눌 분

나누다 라는 뜻입니다.
분 이라고 읽습니다.

글자가 만들어진 과정

八에 刀를 합하여 만든 글자입니다. 칼로 물건을 쪼개어 나눈다는 의미입니다.

순서대로 예쁘게 써 보세요.　ノ　八　今　分　4획

낱말
分校(분교) : 본교 소재지 이외의 지역에 따로 세운 학교
分明(분명) : 확실히, 틀림없이

公

공평할 공

공평하다라는 뜻입니다.
공이라고 읽습니다.

글자가 만들어진 과정

八에 厶(팔을 굽힌 모양)을 합하여 만든 글자입니다. 팔로 껴안고 독차지하려는 것을 골고루 나눈다는 의미로 '공평하다', '공변되다'의 뜻입니다.

 순서대로 예쁘게 써 보세요.

ノ 八 公 公 4획

낱말
公正(공정) : 공평하고 정대함
公開(공개) : 여러 사람에게 개방함

安 편안할 안

편안하다라는 뜻입니다.
안이라고 읽습니다.

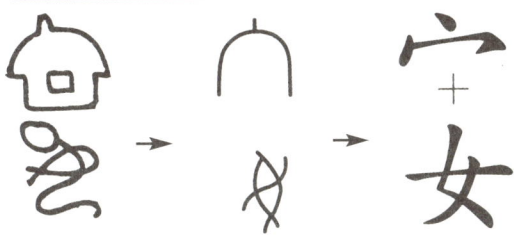

글자가 만들어진 과정

宀(집 모양을 뜻함)에 女(계집 녀)를 합하여 만든 글자입니다. 집안에 여자가 있어서 집안일을 잘 돌보기 때문에 집안이 편안하다는 의미입니다.

순서대로 예쁘게 써 보세요.

丶 丷 宀 宀 安 安   6획

낱말
安堵感(안도감) : 편안하고 안심한 느낌
安全事故(안전사고) : 안전 교육의 부족으로 일어나는 사고

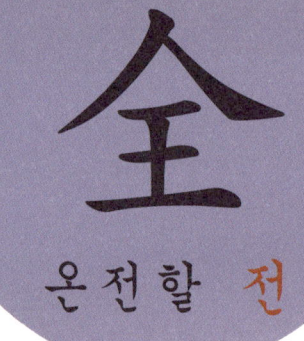

온전할 전

온전하다라는
뜻입니다.
전이라고 읽습니다.

글자가 만들어진 과정

入에 王(玉의 획 줄임)을 합하여 만든 글자입니다. 구슬이 흠 없이 온전하게 보관되어 있어 가장 좋은 구슬이라는 뜻입니다.

순서대로 예쁘게 써 보세요.

ノ 入 亼 全 全 全   6획

낱말
全體(전체): 온몸, 전신, 전부
全天候(전천후): 어떤 기상 조건에도 견딜 수 있음

즐길 긍

즐겁다라는 뜻입니다.
긍이라고 읽습니다.

글자가 만들어진 과정

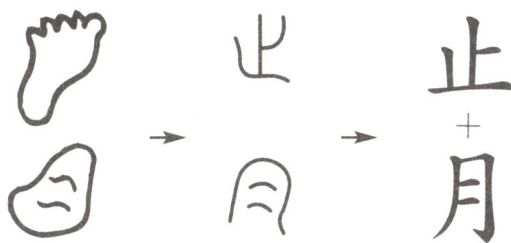

止(그칠 지)와 月(肉:고기 육의 변형)을 합하여 만든 글자입니다. 일을 멈추고 몸을 쉬게 하므로 즐겁다라는 뜻입니다.

순서대로 예쁘게 써 보세요.

丨 ト 냐 止 告 肯 肯 肯 8획

낱말
肯定(긍정) : 그러하다고 인정함
肯志(긍지) : 찬성하는 뜻

 배운 한자를 써 봅시다.

共	同	命	令	充
함께 **공**	한가지 **동**	목숨 **명**	명령할 **령**	가득할 **충**

배운 한자를 써 봅시다.

分	公	安	全	肯
나눌 분	공평할 공	편안할 안	온전할 전	즐길 긍

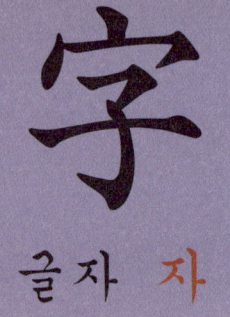

글자 자

글자라는 뜻입니다.
자라고 읽습니다.

글자가 만들어진 과정

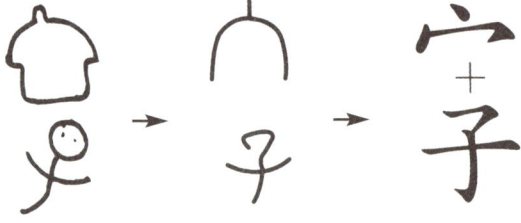

宀(집 모양을 뜻함)과 子(아들 자)를 합하여 만든 글자입니다. 아들이 그 집안의 대를 이어가듯이 글자도 기본자를 바탕으로 만들어졌다는 의미입니다.

순서대로 예쁘게 써 보세요.

丶 丷 宀 宀 宁 字   6획

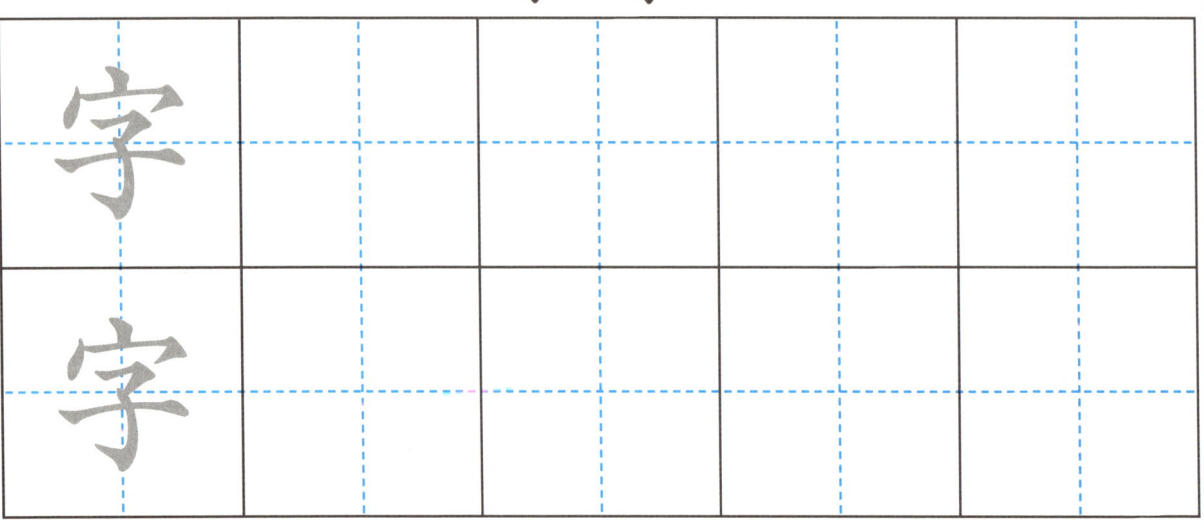

낱말
文字(문자) : 말의 음과 뜻을 표시하는 시각적 기호. 글자
字格(자격) : 글자를 쓰는 법칙

법 전

귀중한 책, 법이라는
뜻입니다.
전이라고 읽습니다.

글자가 만들어진 과정

卌(冊:책 책의 변형)에 丌(책상을 뜻함)을 합한 글자입니다. 책은 모두에게 소중한 것이며, 말하고 행하는 데에 규범이 된다고 하여 '귀중한 책이나 법'이라는 뜻으로 쓰입니다.

 순서대로 예쁘게 써 보세요.

丨 冂 巾 卌 冊 曲 典 典 8획

| 낱 말 | 辭典(사전):여러 낱말을 모아 해설을 붙여 놓은 책
古典(고전):옛날의 서적으로 후세에 남을 만한 책 |

先
먼저 선

먼저라는 뜻입니다.
선이라고 읽습니다.

글자가 만들어진 과정

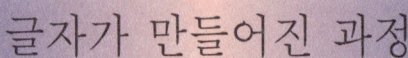

止(止:발 모양)에 儿(人의 변형)을 합하여 만든 글자입니다. 발을 옮겨 놓아 점점 남보다 앞서간다는 데서 '먼저'라는 뜻으로 쓰입니다.

순서대로 예쁘게 써 보세요.

丿 ㅗ ㅑ 生 步 先   6획

先				
先				

낱말
先頭(선두):첫머리
先導(선도):앞장 서서 인도함

역사 사

역사라는 뜻입니다.
사라고 읽습니다.

글자가 만들어진 과정

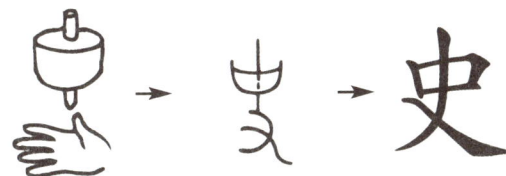

올바름을 뜻하는 中과 손을 뜻하는 又를 합하여 만든 글자입니다. 손에 붓을 들고 어떤 일을 있는 그대로 올바르게 기록한다는 의미에서 '역사'라는 뜻으로 쓰입니다.

순서대로 예쁘게 써 보세요.

丨 口 口 史 史   5획

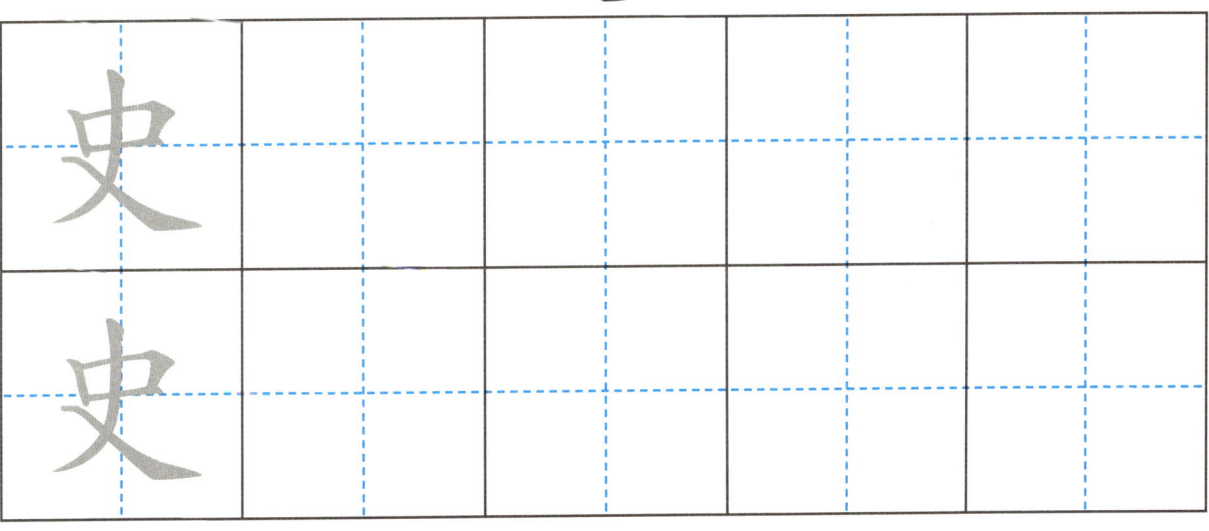

낱 말
史蹟(사적) : 역사에 남은 자취. 역사상의 유적
史觀(사관) : 역사적 현상을 파악해 이것을 해석하는 입장

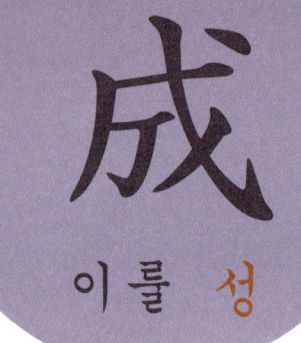

이룰 성

이루다라는 뜻입니다.
성이라고 읽습니다.

글자가 만들어진 과정

戈(도끼 모양을 뜻함)와 丁(못을 뜻함)을 합하여 만든 글자입니다. 도끼로 나무를 베어 깎고, 못을 박아서 공사를 마무리하여 어떤 성과를 이룬다는 의미입니다.

순서대로 예쁘게 써 보세요.

丿 厂 厂 厅 成 成 成　7획

낱말
成功(성공) : 목적을 이룸. 사회적인 지위를 얻음
完成(완성) : 완전히 이룸

이름 명

이름이라는 뜻입니다.
명이라고 읽습니다.

글자가 만들어진 과정

夕(저녁 석)에 口(입 구)를 합하여 만든 글자입니다. 저녁에는 얼굴이 보이지 않기 때문에 입으로 이름을 불러서 알아낸다는 뜻으로 만들어졌습니다.

 순서대로 예쁘게 써 보세요.

ノ ク 夕 夕 名 名 6획

낱말 名稱(명칭):사물을 부르는 이름. 호칭
名單(명단):어떤 일에 관계된 사람의 이름을 적은 표

하늘 천

하늘이라는 뜻입니다.
천이라고 읽습니다.

글자가 만들어진 과정

大(큰 대)에 一을 합하여 만든 글자입니다. 사람의 머리 위에 크고 넓게 펼쳐져 있는 '하늘'을 뜻합니다.

 순서대로 예쁘게 써 보세요.   一 二 チ 天   4획

天				
天				

낱말   天上(천상):하늘 위의 세계
天運(천운):하늘이 정한 운수. 자연히 돌아오는 운수

夫
지아비 부

지아비(남편)라는 뜻입니다.
부라고 읽습니다.

글자가 만들어진 과정

大에 一을 합한 글자입니다. 성인이 된 남자의 상투가 풀어지지 않게 하는 동곳(비녀의 일종)을 끼운 머리 모양을 본떴으며, '사내', '지아비', '남편'을 뜻합니다.

순서대로 예쁘게 써 보세요.　一　二　夫　夫　4획

낱말
農夫(농부) : 농사로 업을 삼는 사람
夫婦(부부) : 남편과 아내

세대 세

세대라는 뜻입니다.
세라고 읽습니다.

글자가 만들어진 과정

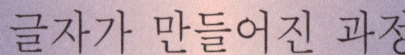

十을 세 개 이어서 쓴 글자입니다. 사람이 일할 수 있는 전성기가 30년이라는 의미로 '세대'의 뜻을 나타냅니다. '인간', '세상'이란 뜻으로 더 많이 쓰입니다.

순서대로 예쁘게 써 보세요.

一 十 卅 丗 世 5획

낱말
現世(현세) : 지금 세상
世上(세상) : 모든 사람이 살고 있는 사회의 통칭. 천하

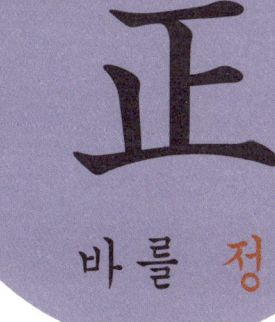

바를 정

바르다라는 뜻입니다.
정이라고 읽습니다.

글자가 만들어진 과정

一에 止(그칠 지)를 합하여 만든 글자입니다. 사람이 땅(一)위에 발을 딛고 바로 서 있다는 뜻입니다.

 순서대로 예쁘게 써 보세요.

一 丁 下 正 正 5획

낱말
正直(정직):거짓이나 허식이 없이 마음이 바르고 곧음
正確(정확):바르고 확실함

 배운 한자를 써 봅시다.

字	典	先	史	成
글자 자	법 전	먼저 선	역사 사	이룰 성

배운 한자를 써 봅시다.

名	天	夫	世	正
이름 명	하늘 천	지아비 부	세대 세	바를 정

 배운 한자의 뜻과 음을 써 봅시다.

11. 反 (　　　)

12. 及 (　　　)

13. 取 (　　　)

1. 左 (　　　)　　14. 原 (　　　)

2. 右 (　　　)　　15. 步 (　　　)

3. 東 (　　　)　　16. 士 (　　　)

4. 孝 (　　　)　　17. 者 (　　　)

5. 兄 (　　　)　　18. 元 (　　　)

6. 兵 (　　　)　　19. 光 (　　　)

7. 幸 (　　　)　　20. 友 (　　　)

8. 有 (　　　)

9. 家 (　　　)

10. 氷 (　　　)

21. 共 （　　　　）

22. 同 （　　　　）

23. 命 （　　　　）

24. 令 （　　　　）

25. 充 （　　　　）

26. 分 （　　　　）

27. 公 （　　　　）

28. 安 （　　　　）

29. 全 （　　　　）

30. 肯 （　　　　）

31. 字 （　　　　）

32. 典 （　　　　）

33. 先 （　　　　）

34. 史 （　　　　）

35. 成 （　　　　）

36. 名 （　　　　）

37. 天 （　　　　）

38. 夫 （　　　　）

39. 世 （　　　　）

40. 正 （　　　　）

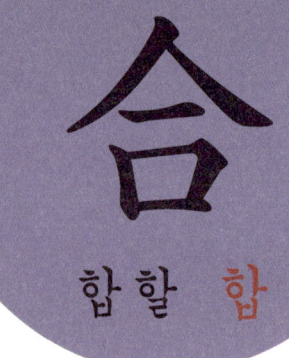

합할 합

합하다라는 뜻입니다.
합이라고 읽습니다.

글자가 만들어진 과정

모임을 뜻하는 스와 口(입 구)를 합하여 만든 글자입니다. 여러 가지 말을 하는 사람들이 한 곳에 모인다는 의미로 '모이다', '합하다' 라는 뜻입니다.

 순서대로 예쁘게 써 보세요.

ノ 人 스 수 合 合　6획

낱말
結合(결합) : 둘 이상이 합쳐서 하나가 됨
合算(합산) : 합하여 계산함

절반 반

절반이라는 뜻입니다.
반이라고 읽습니다.

글자가 만들어진 과정

八에 牛(소 우)를 합하여 만든 글자입니다. 소를 잡아 반씩 나눈다는 뜻입니다.

 순서대로 예쁘게 써 보세요.

丶 丷 䒑 二 半 5획

半				
半				

낱 말
半農(반농) : 생업의 반이 농업인 일
半旗弔禮(반기조례) : 반기를 달아 조의를 표함

이를 조

이르다라는 뜻입니다.
조라고 읽습니다.

글자가 만들어진 과정

日(날 일)과 十(완전함을 뜻함)을 합하여 만든 글자입니다. 해가 완전하게 세상을 비추기 시작할 때가 이른 아침이라는 의미로 '이르다'라는 뜻입니다.

순서대로 예쁘게 써 보세요.

丨 冂 冃 日 旦 早   6획

낱 말
早飯(조반) : 아침에 조금 먹는 음식
早朝割引(조조할인) : 이른 오전에 요금을 할인해 주는 것

卒

마칠 졸

마치다라는 뜻입니다.
졸이라고 읽습니다.

글자가 만들어진 과정

卒(衣의 변형)에 一을 합한 글자입니다. 병사들이 어깨에 띠(一)를 두르는 옷을 입었으므로 '병사'를 뜻하며, 병사들은 명령한 일을 틀림없이 마친다는 의미에서 '마치다'의 뜻으로도 쓰입니다.

순서대로 예쁘게 써 보세요.

丶 亠 广 亣 亣 衣 卒 卒 8획

낱 말
卒業(졸업) : 규정된 교과 또는 학과 과정을 마침
卒篇(졸편) : 시문의 전편을 모두 끝맺거나 읽기를 마침

化
변화할 화

변하다라는 뜻입니다.
화라고 읽습니다.

글자가 만들어진 과정

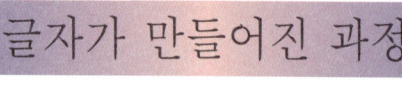

亻(바로 선 사람 인)과 匕(거꾸로 선 사람 인)을 합하여 만든 글자입니다. 모양을 바꿔 다른 사람이 된다는 의미로 '변하다', '되다'의 뜻이 됩니다.

순서대로 예쁘게 써 보세요. ノ 亻 亻 化   4획

낱말
教化(교화) : 교도하여 감화시킴
化石(화석) : 지질 시대에 살던 동식물의 유해가 남아 있는 돌

必
반드시 **필**

반드시라는 뜻입니다.
필이라고 읽습니다.

글자가 만들어진 과정

경계를 나타내는 표시인 弋(주살 익)에 八을 합한 글자입니다. 땅을 나눌 때, 경계에 통나무 말뚝을 박아서 표시를 하면 모든 사람들이 반드시 알아본다는 의미입니다.

순서대로 예쁘게 써 보세요.

丶 丿 必 必 必 5획

낱말
必要(필요) : 꼭 소용이 됨
必勝(필승) : 반드시 이김

爭
다툴 쟁

다투다라는 뜻입니다.
쟁이라고 읽습니다.

글자가 만들어진 과정

잡음을 뜻하는 ⚍(손톱 조)에 손을 뜻하는 ⼹(또 우)와 물건을 뜻하는 亅(갈고리 궐)을 합한 글자. 손으로 물건을 잡고 서로 잡아당기며 다툰다는 뜻입니다.

순서대로 예쁘게 써 보세요.

ノ ⺊ ⺋ ⚍ 爫 爭 爭 爭 8획

爭				
爭				

낱 말
爭奪(쟁탈) : 다투어 뺏음
競爭(경쟁) : 같은 목적에 관하여 서로 겨루어 다툼

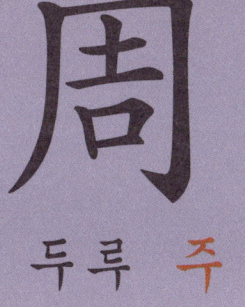

周
두루 주

두루라는 뜻입니다.
주라고 읽습니다.

글자가 만들어진 과정

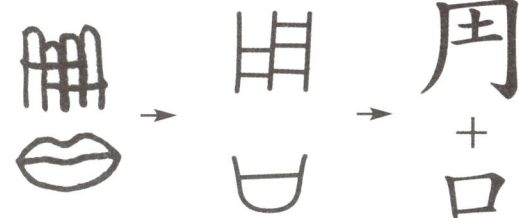

冃(用의 변형)과 口(입 구)를 합하여 만든 글자입니다. 입을 잘 써서 할 말을 두루 다 한다는 의미로 '두루' 라는 뜻입니다.

순서대로 예쁘게 써 보세요.

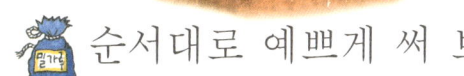 8획

낱말 周波數(주파수) : 진동 전류나 전파, 음파 등이 1초 동안에 방향을 바꾸는 도수

나라는 뜻입니다.
아라고 읽습니다.

글자가 만들어진 과정

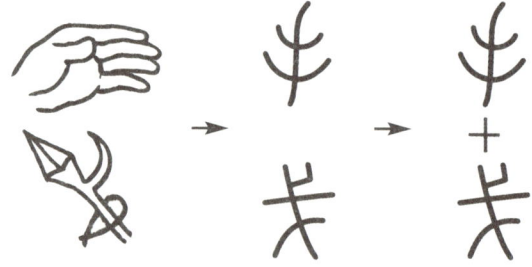

手(손 수)와 戈(창 과)를 합하여 만든 글자입니다. 손에 창을 들고 나를 지킨다는 의미입니다.

 순서대로 예쁘게 써 보세요.

丿 一 千 手 ㅜ 我 我 7획

낱말 我執(아집) : 자신만을 내세워 버팀
自我(자아) : 다른 대상으로부터 스스로를 구별하는 자칭

否

아닐 부

아니다라는 뜻입니다.
부라고 읽습니다.

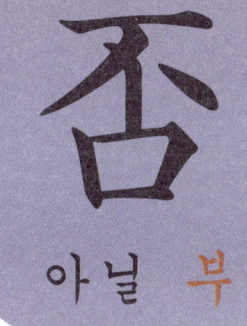

글자가 만들어진 과정

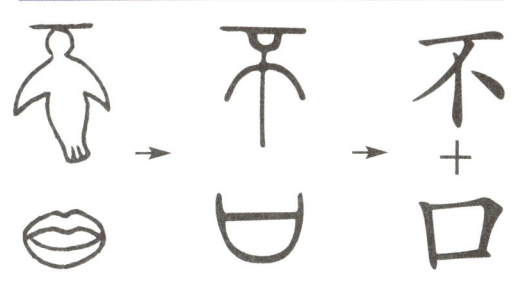

不(아닐 불)에 口(입 구)를 합하여 만든 글자입니다. 아니라고 입으로 말한다는 의미에서 '아니다'를 뜻합니다.

 순서대로 예쁘게 써 보세요.

一 フ 不 不 否 否 7획

| 낱 말 | 否定語(부정어) : 부정하는 뜻을 가진 말
否認(부인) : 인정하지 않음 |

 배운 한자를 써 봅시다.

合	半	早	卒	化
합할 **합**	절반 **반**	이를 **조**	마칠 **졸**	변화할 **화**

배운 한자를 써 봅시다.

必	爭	周	我	否
반드시 필	다툴 쟁	두루 주	나 아	아닐 부

里
마을 리

마을이라는 뜻입니다.
리라고 읽습니다.

글자가 만들어진 과정

田(밭 전)과 土(흙 토)를 합하여 만든 글자입니다. 밭이 있고 흙이 있는, 사람이 사는 '마을'을 뜻합니다.

순서대로 예쁘게 써 보세요.

丨 冂 冃 日 旦 甲 里 7획

里				
里				

낱말
里長(이장) : 마을 일을 맡아 보는 우두머리
洞里(동리) : 마을

州
고을 주

고을이라는 뜻입니다.
주라고 읽습니다.

글자가 만들어진 과정

川(내 천)과 ㇺ(땅을 뜻함)을 합하여 만든 글자입니다. 흐르는 내를 가운데에 두고 나누어져 있는 땅을 나타낸 것으로, 행정상의 한 구역인 '고을'이라는 뜻입니다.

순서대로 예쁘게 써 보세요.

丶 丿 ㇲ 州 ㇺ 州   6획

州				
州				

낱말
州曲(주곡) : 시골, 향촌
州國(주국) : 나라, 국토

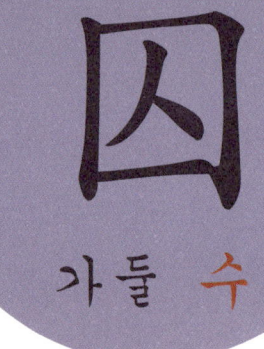

囚 가둘 수

가두다라는 뜻입니다.
수라고 읽습니다.

글자가 만들어진 과정

囗(울타리를 뜻함)와 人(사람 인)을 합하여 만든 글자입니다. 사방이 둘러싸인 울타리에 사람을 가두어 두는 것을 의미합니다.

 순서대로 예쁘게 써 보세요.

丨 冂 冈 囚 囚 5획

囚				
囚				

낱말
囚禁(수금) : 죄인을 가두어 둠
囚人(수인) : 죄인

困

곤란할 곤

곤란하다라는 뜻입니다.
곤이라고 읽습니다.

글자가 만들어진 과정

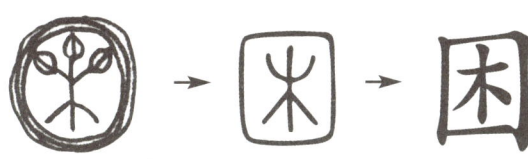

口(울타리를 뜻함)와 木(나무 목)을 합하여 만든 글자입니다. 사방이 둘러싸인 울타리에서는 나무가 자라기 어렵다는 의미이며, '어렵다', '곤란하다' 라는 뜻을 나타냅니다.

순서대로 예쁘게 써 보세요.

丨 冂 冂 用 困 困 困   7획

낱말
困窮(곤궁): 가난하고 궁색함
困辱(곤욕): 심한 모욕

伐
칠 벌

치다 라는 뜻입니다.
벌 이라고 읽습니다.

글자가 만들어진 과정

人 + 戈 → 伐

人(사람 인)과 戈(창 과)를 합하여 만든 글자입니다. 사람이 창을 들고 적을 친다는 뜻입니다. '베다' 라는 뜻으로도 쓰입니다.

 순서대로 예쁘게 써 보세요.

丿 亻 亻 代 伐 伐   6획

| 낱 말 | 討伐(토벌) : 군대가 도둑이나 반항자의 무리를 무찌름 |
| | 伐木(벌목) : 나무를 벰 |

危
위태할 위

위태하다라는 뜻입니다.
위라고 읽습니다.

글자가 만들어진 과정

厃 → 㔾 → 危

厃(벼랑 위의 사람을 뜻함)과 㔾(몸을 뜻함)을 합하여 만든 글자입니다. 벼랑 위의 사람이 위험하다는 것을 의미합니다.

순서대로 예쁘게 써 보세요.

丿 ㄠ ㄥ 厂 厃 危 6획

낱말
危險(위험) : 위태함. 안전하지 못함
危機(위기) : 위험한 고비. 위험한 경우

此
이 차

이(여기)를 뜻합니다.
차라고 읽습니다.

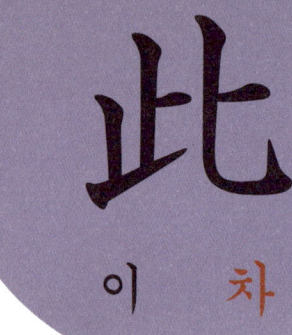

글자가 만들어진 과정

止(그칠 지)에 匕(허리를 구부린 사람 모양)을 합한 글자입니다. 사람이 허리를 구부리고 멈춰 선 곳을 가리켜 이 곳이라고 하는 데서, 가까운 곳을 가리키는 '이'의 뜻으로 쓰입니다.

순서대로 예쁘게 써 보세요.

丨 卜 ㅏ 止 ㅛ 此 6획

낱말
此期(차기) : 이 시기, 이 기회
此後(차후) : 이 다음에

束
묶을 속

묶는다 라는 뜻입니다.
속이라고 읽습니다.

글자가 만들어진 과정

木(나무 목)과 口(입 구)를 합하여 만든 글자입니다. 나무를 모아 다발로 묶는다는 의미입니다. 口는 나무의 묶음을 나타냅니다.

순서대로 예쁘게 써 보세요.

一 丆 兄 甬 束 束 束 7획

束				
束				

낱말
束縛(속박) : 얽어매어서 자유를 구속함
拘束(구속) : 체포하여 자유를 정지시킴

戒

경계할 계

경계하다라는 뜻입니다.
계라고 읽습니다.

글자가 만들어진 과정

戈(창 과)과 廾(양손을 뜻함)을 합하여 만든 글자입니다. 양손에 창을 들고 뜻밖의 사건에 대비한다는, '경계하다' 라는 뜻을 나타냅니다.

순서대로 예쁘게 써 보세요.

一 二 テ 开 戒 戒 戒   7획

낱말
懲戒(징계) : 허물을 뉘우치도록 경계함
戒嚴(계엄) : 경계를 엄중히 함

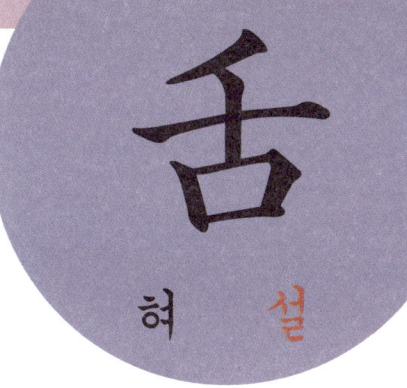

혀 설

혀 라는 뜻입니다.
설 이라고 읽습니다.

글자가 만들어진 과정

입 안의 혀를 내민 모양을 본떠서 만든 글자입니다.

 순서대로 예쁘게 써 보세요.

丿 二 千 千 舌 舌 6획

| 낱 말 | 舌刀(설도) : 날카로운 말
舌苔(설태) : 혀의 거죽에 생기는 이끼 모양의 물질 |

 배운 한자를 써 봅시다.

里	州	囚	困	伐
마을 리	고을 주	가둘 수	곤란할 곤	칠 벌

배운 한자를 써 봅시다.

危	此	束	戒	舌
위태할 **위**	이 **차**	묶을 **속**	경계할 **계**	혀 **설**

말씀 언

말씀이라는 뜻입니다.
언이라고 읽습니다.

글자가 만들어진 과정

사람의 입에서 혀가 나와 있는 모양을 본떠서 만든 글자입니다.

순서대로 예쁘게 써 보세요.

丶 亠 三 言 言 言 言 7획

言				
言				

낱말
言行一致(언행일치) : 말과 행동이 같음
言約(언약) : 말로 약속함, 또는 그 약속

밥이라는 뜻입니다.
식이라고 읽습니다.

글자가 만들어진 과정

밥이 가득 담긴 그릇 모양을 본떠서 만든 글자입니다.

 순서대로 예쁘게 써 보세요.

丿 人 亽 今 今 슬 食 食 食 9획

낱말
食口(식구) : 한 집안에서 끼니를 같이하며 사는 사람
食言(식언) : 거짓말을 밥 먹듯이 하는 사람을 일컫는 말

향기 향

향기라는 뜻입니다.
향이라고 읽습니다.

글자가 만들어진 과정

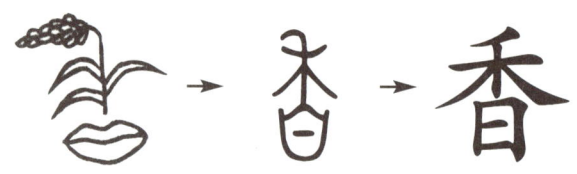

벼(禾)에서 나오는 쌀로 지은 밥이 입맛을 돋구는 좋은 향기를 풍긴다는 의미입니다. '향기롭다'의 뜻으로도 쓰입니다.

순서대로 예쁘게 써 보세요.

丿 二 千 千 禾 乔 香 香 香 9획

낱말
香水(향수) : 향료를 알코올에 용해시켜서 만든 화장품의 하나
香氣(향기) : 향내 나는 냄새

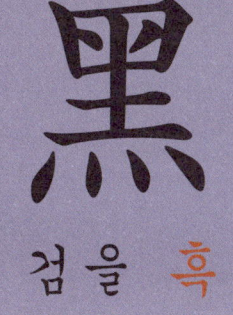

黑
검을 흑

검다라는 뜻입니다.
흑이라고 읽습니다.

글자가 만들어진 과정

옛자는 㷉이고, 囧(굴뚝 모양)에 炎(불꽃 염)을 합하여 만든 글자입니다. 불을 때면 굴뚝에서 나오는 연기 색깔이 검다는 것을 의미합니다.

순서대로 예쁘게 써 보세요.

丶 冂 冂 冂 四 四 甲 里 黒 黑 黑 黑 12획

낱말   黑白(흑백) : 검은 빛과 흰 빛. 잘잘못
　　　黑煙(흑연) : 검은 연기

흰 백

희다는 뜻입니다.
백이라고 읽습니다.

글자가 만들어진 과정

촛불이 아주 밝게 탈 때에 하얗게 빛나는 모양을 본떠서 만든 글자입니다. '희다', '밝다'의 뜻으로 쓰입니다.

 순서대로 예쁘게 써 보세요.

ノ ィ 竹 白 白   5획

낱말
白衣(백의) : 흰 옷. 간호사를 백의의 천사라고도 함
白日夢(백일몽) : 대낮에 꾸는 꿈. 허황된 공상을 비유한 말

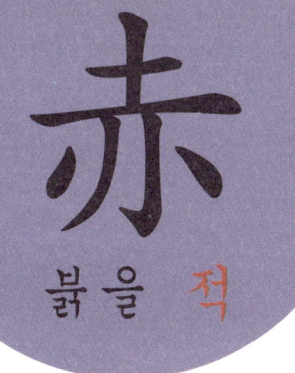

붉을 적

붉다라는 뜻입니다.
적이라고 읽습니다.

글자가 만들어진 과정

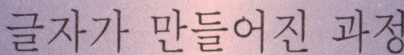

大(큰 대)에 火(불 화)의 변형을 합하여 만든 글자입니다. 타오르는 불꽃의 붉은 빛을 뜻합니다.

순서대로 예쁘게 써 보세요.

一 十 土 耂 赤 赤 赤 7획

| 赤 | | | | | |
| 赤 | | | | | |

낱말
赤十字(적십자) : 흰 바탕에 붉은 색 십자를 그린 휘장
赤裸裸(적나라) : 아무 숨김이 없음

用
쓸   용

쓰다라는 뜻입니다.
용이라고 읽습니다.

글자가 만들어진 과정

冊 → 冊 → 用

나무 울타리 모양을 본떠서 만든 글자입니다. 울타리 안에서 도구를 사용하여 일한다는 의미로, '쓰다'라는 뜻으로 쓰입니다.

 순서대로 예쁘게 써 보세요.

丿 几 凡 月 用 5획

用				
用				

낱말
食用(식용):먹을 것으로 씀, 또는 먹을 것으로 됨
用器(용기):사용하는 그릇. 소용되는 기구

蟲
벌레 충

벌레라는 뜻입니다.
충이라고 읽습니다.

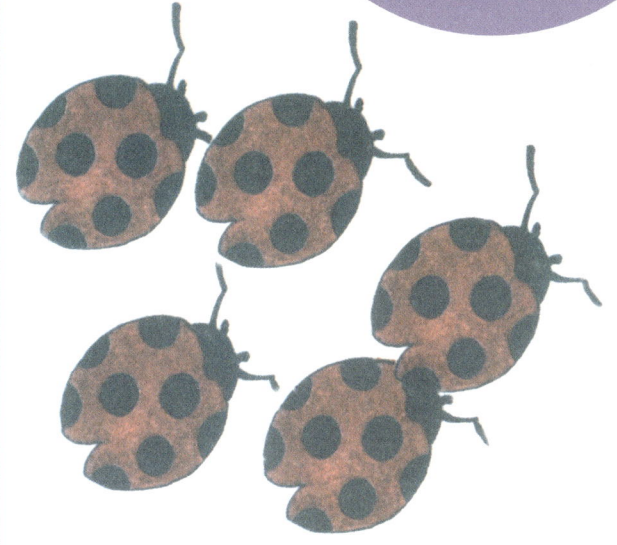

글자가 만들어진 과정

뱀이 도사리고 있는 모양을 본뜬 글자입니다. 지금은 획을 줄인 **虫**을 주로 씁니다.

 순서대로 예쁘게 써 보세요.

丨 口 口 中 虫 虫 蟲 18획

낱말
害蟲(해충): 인류의 생활에 해를 끼치는 곤충
殺蟲劑(살충제): 해충을 잡는 약

뼈 골

뼈라는 뜻입니다.
골이라고 읽습니다.

글자가 만들어진 과정

뼈 冎에 붙어 있는 살 月(肉:고기 육의 변형)을 합하여 만든 글자입니다.

순서대로 예쁘게 써 보세요.

낱말
骨肉(골육): 뼈와 살. 부모와 자식, 형제 등의 가까운 혈족
言中有骨(언중유골): 말 속에 단단한 뼈 같은 속뜻이 있다는 말

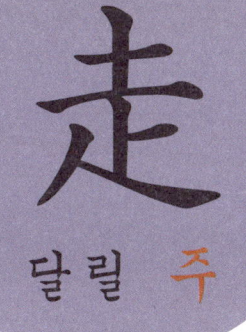

달릴 주

달리다라는 뜻입니다.
주라고 읽습니다.

글자가 만들어진 과정

土(달리고 있는 사람을 뜻함)에 趾(발 지)의 변형(止)을 합하여 만든 글자입니다. 사람이 발자국을 내며 뛰어간다는 의미입니다.

순서대로 예쁘게 써 보세요.

一 十 土 キ キ 走 走 7획

낱 말
走行(주행) : 자동차 따위의 바퀴가 달린 것이 달려감
走馬看山(주마간산) : 살펴볼 겨를 없이 대강 지나감

 배운 한자를 써 봅시다.

言	食	香	黑	白
말씀 **언**	밥 **식**	향기 **향**	검을 **흑**	흰 **백**

배운 한자를 써 봅시다.

赤	用	蟲	骨	走
붉을 적	쓸 용	벌레 충	뼈 골	달릴 주

行

다닐 행

다니다 라는 뜻입니다.
행 으로 읽습니다.

글자가 만들어진 과정

※ → 彳→ 行

사람이 많이 다니는 네거리 모양을 본떠서 만든 글자입니다. '가다', '다니다' 라는 뜻을 나타냅니다.

순서대로 예쁘게 써 보세요.

丿 ㇒ 彳 彳 行 行   6획

行				
行				

낱 말
山行(산행) : 산길을 걸어감. 등산하러 산에 감
行動(행동) : 동작

某
아무 모

아무라는 뜻입니다.
모라고 읽습니다.

글자가 만들어진 과정

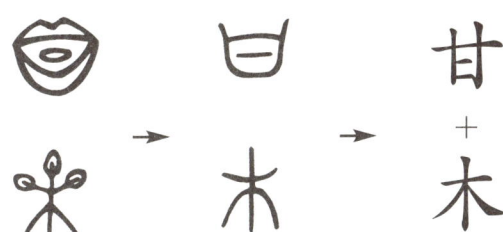

甘(달 감)에 木(나무 목)을 합하여 만든 글자입니다. 임산부가 매화의 신 열매를 먹기 전에는 임신한 줄을 모른다는 데서 '알지 못함', '아무'라는 뜻으로 쓰입니다.

순서대로 예쁘게 써 보세요.

一 十 廾 卄 甘 甚 芇 芇 某 某 9획

某

某

낱말
某氏(모씨) : 성명을 알 수 없는 사람
某處(모처) : 어떠한 장소

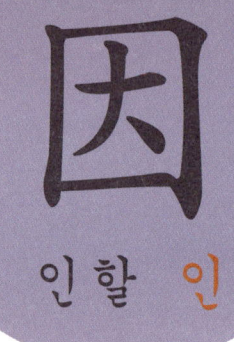

인할 인

인하다(말미암다)라는 뜻입니다.
인이라고 읽습니다.

글자가 만들어진 과정

울타리를 뜻하는 口에 大를 합하여 만든 글자입니다. 사람이 울타리 안에서는 안심할 수 있다는 의미에서 '의지하다'의 뜻을 나타냅니다. '인하다', '말미암다'라는 뜻으로 더 많이 쓰입니다.

 순서대로 예쁘게 써 보세요.

丨 冂 冂 用 用 因 6획

因				
因				

낱말
原因(원인) : 사물이나 상태로 말미암아 일어나는 근본
因果應報(인과응보) : 사람이 짓는, 선악에 의한 과보

多
많을 다

많**다**라는 뜻입니다.
다라고 읽습니다.

글자가 만들어진 과정

夕(저녁 석)과 夕을 두 번 써서 만든 글자입니다. 저녁이 날마다 계속되어 날의 수가 많아짐을 나타냅니다.

순서대로 예쁘게 써 보세요.

 6획

낱말
多量(다량) : 양이 많음
多幸(다행) : 운수가 좋음. 뜻밖에 일이 잘됨

안 내

안이라는 뜻입니다.
내라고 읽습니다.

글자가 만들어진 과정

冂(울타리를 뜻함)에 入(들 입)을 합하여 만든 글자입니다. 울타리의 입구를 통하여 안으로 들어간다는 의미로 '안'이라는 뜻을 나타냅니다.

순서대로 예쁘게 써 보세요.　丨 冂 冂 內　4획

낱말
內部(내부) : 안쪽 부분
內容(내용) : 사물의 속내 또는 실속

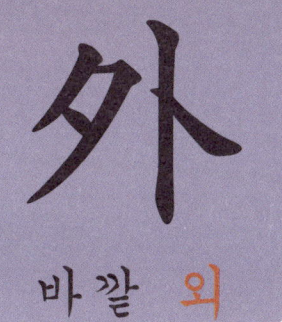

外
바깥 외

바깥이라는 뜻입니다.
외 라고 읽습니다.

글자가 만들어진 과정

卟 → 外 → 外

夕(저녁 석)에 卜(점 복:거북의 등을 구워 생긴 금의 모양)을 합하여 만든 글자입니다. 점은 아침에 쳐야 하는데, 저녁에 치는 점은 예외라는 뜻으로 '바깥'을 의미합니다.

순서대로 예쁘게 써 보세요.

丿 ク 夕 列 外 5획

外
外

낱말 外交官(외교관):외국에 주재하며 외교에 종사하는 공무원
外部(외부):바깥쪽 부분

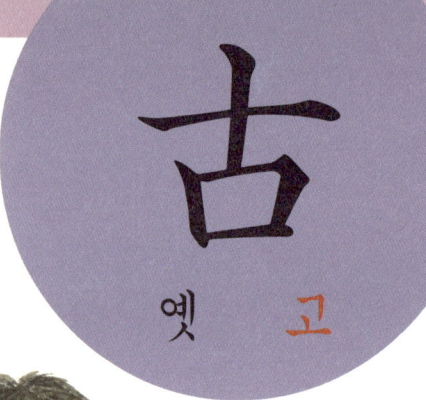

옛 고

옛이라는 뜻입니다.
고라고 읽습니다.

글자가 만들어진 과정

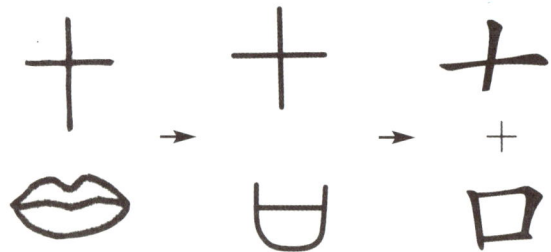

十에 口를 합하여 만든 글자입니다. 십대에 걸쳐서 입에서 입으로 전해 내려오는 옛날 일이라는 의미로 '옛날', '오램'의 뜻입니다.

 순서대로 예쁘게 써 보세요.

一 十 十 古 古 5획

낱 말 古典(고전) : 옛날 의식이나 법식
古蹟(고적) : 남아 있는 옛날 물건

今
이제 금

이제라는 뜻입니다.
금이라고 읽습니다.

글자가 만들어진 과정

亼 → 今 → 今

亼(모임을 뜻함)에 丁(끌린다는 뜻)을 합하여 만든 글자입니다. 여러 세대가 합하여 내려오면서 세월이 흘러 지금에 이르렀다는 데서 '이제', '지금'의 뜻을 나타냅니다.

丿 人 亼 今 4획

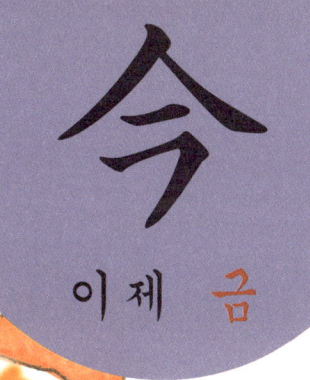

순서대로 예쁘게 써 보세요.

낱말
今方(금방) : 이제 방금
今日(금일) : 오늘

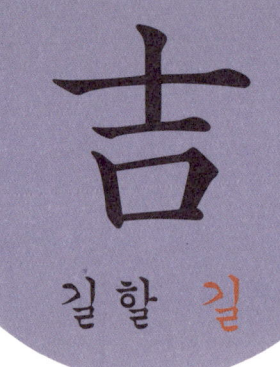

길할 길

길하다라는 뜻입니다.
길이라고 읽습니다.

글자가 만들어진 과정

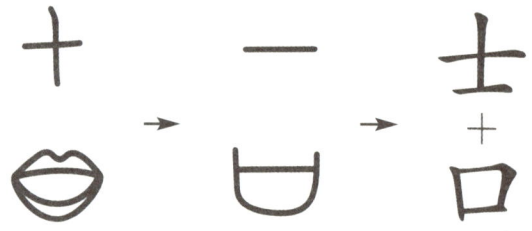

士(선비 사)에 口를 합하여 만든 글자입니다. 선비의 말은 항상 옳고 좋다는 의미로 '길하다' 라는 뜻을 나타냅니다.

 순서대로 예쁘게 써 보세요.

一 十 士 吉 吉 吉 6획

낱말
吉兆(길조) : 좋은 일이 있을 조짐
吉人(길인) : 성정이 바르고 복스러운 이

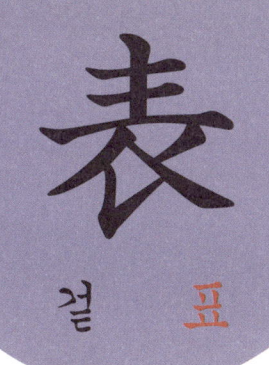

겉 표

겉이라는 뜻입니다.
표라고 읽습니다.

글자가 만들어진 과정

主(毛:털 모의 변형)에 衣(옷 의)를 합하여 만든 글자입니다. 털이 겉으로 돋아 있는 옷이라는 의미로 '겉'을 나타냅니다.

순서대로 예쁘게 써 보세요.

一 二 ㅕ 主 ㄹ ㅌ ㅍ 表 8획

낱말
表示(표시) : 표를 해서 외부에 드러내 보임
表皮(표피) : 식물 각부의 표면을 덮은 조각

 배운 한자를 써 봅시다.

行	某	因	多	內
다닐 행	아무 모	인할 인	많을 다	안 내

배운 한자를 써 봅시다.

外	古	今	吉	表
바깥 **외**	옛 **고**	이제 **금**	길할 **길**	겉 **표**

 배운 한자의 뜻과 음을 써 봅시다.

1. 合 (　　　)
2. 半 (　　　)
3. 早 (　　　)
4. 卒 (　　　)
5. 化 (　　　)
6. 必 (　　　)
7. 爭 (　　　)
8. 周 (　　　)
9. 我 (　　　)
10. 否 (　　　)

11. 里 (　　　)
12. 州 (　　　)
13. 囚 (　　　)
14. 困 (　　　)
15. 伐 (　　　)
16. 危 (　　　)
17. 此 (　　　)
18. 束 (　　　)
19. 戒 (　　　)
20. 舌 (　　　)

21. 言（　　　）

22. 食（　　　）

23. 香（　　　）

24. 黑（　　　）

25. 白（　　　）

26. 赤（　　　）

27. 用（　　　）

28. 蟲（　　　）

29. 骨（　　　）

30. 走（　　　）

31. 行（　　　）

32. 某（　　　）

33. 因（　　　）

34. 多（　　　）

35. 内（　　　）

36. 外（　　　）

37. 古（　　　）

38. 今（　　　）

39. 吉（　　　）

40. 表（　　　）

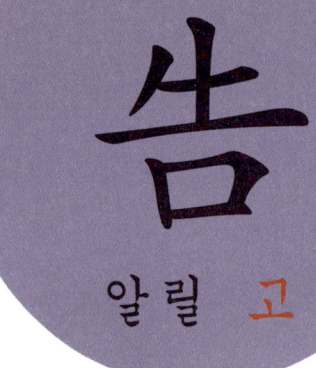

알릴 고

알리다라는 뜻입니다.
고라고 읽습니다.

글자가 만들어진 과정

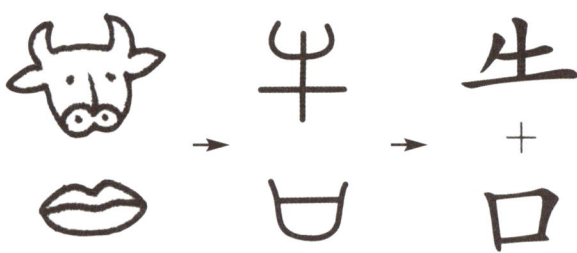

牛(牛:소 우의 변형)에 口를 합하여 만든 글자입니다. 소를 제물로 바쳐 놓고 신에게 소원을 말한다는 의미로 '알리다', '고하다'라는 뜻을 나타냅니다.

순서대로 예쁘게 써 보세요.

丿 ㇑ 十 ㇑ 牛 告 告 7획

告					
告					

낱말 廣告(광고): 공지 사항이나 상품 등 기타 정보를 여러 매체를 통하여 널리 사람들에게 알리는 일

소리 음

소리라는 뜻입니다.
음이라고 읽습니다.

글자가 만들어진 과정

言(말씀 언)의 옛 글자에 입에서 소리가 나오는 모양인 曰을 합하여 만든 글자입니다. 입에서 나오는 소리라는 데서 '소리'를 뜻합니다.

 순서대로 예쁘게 써 보세요.

丶 亠 亠 䒑 立 产 咅 音 音 9획

音				
音				

낱말
音樂(음악) : 소리에 의한 예술
音標(음표) : 악보에서 음의 장단 고저를 나타내는 기호

빛 색

빛이라는 뜻입니다.
색이라고 읽습니다.

글자가 만들어진 과정

사람 위에 사람이 더해진 모양을 나타낸 글자입니다. 꿇어앉아 있는 사람이 위에 서 있는 사람의 얼굴색을 살핀다는 데서 '낯', '빛'을 의미합니다.

순서대로 예쁘게 써 보세요.

丿 ⺈ 夕 夕 刍 色 6획

낱말 色相(색상): 눈으로 볼 수 있는 모든 물질의 형상. 색조
起色(기색): 어떤 일이 일어날 낌새

國
나라 국

나라를 뜻합니다.
국이라고 읽습니다.

글자가 만들어진 과정

戈 + 口 + 一

口(국경을 뜻함)에 戈(창 과)와 땅을 뜻하는 一을 합하여 만든 글자입니다. 국경에서 창을 들고 국민과 땅을 지킨다는 의미로 '국가'를 나타냅니다.

 순서대로 예쁘게 써 보세요.

丨 冂 冂 冂 冋 冋 冋 國 國 國 國 11획

| 낱 말 | 國家(국가) : 일정한 영토를 보유하며, 거기에 사는 국민들로 구성되고, 하나의 통치 조직을 가진 집단 |

邑
고을 읍

고을이라는 뜻입니다.
읍이라고 읽습니다.

글자가 만들어진 과정

○ → 囗 → 邑

囗(울타리를 뜻함)에 巴(사람이 자리에 앉아 있는 모습을 뜻함)을 합하여 만든 글자입니다. 일정한 구역 안에서 백성을 다스리는 곳이라는 뜻으로 '고을'을 나타냅니다.

순서대로 예쁘게 써 보세요.

丨 口 口 무 뮤 묘 邑 7획

낱말
邑長(읍장) : 읍의 행정 사무를 통괄하는 우두머리
邑內(읍내) : 읍 안

企 바랄 기

바라다 라는 뜻입니다.
기 라고 읽습니다.

글자가 만들어진 과정

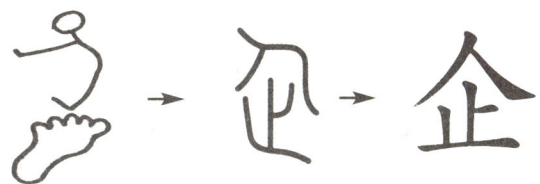

人(사람 인)에 止(그칠 지)를 합하여 만든 글자입니다. 사람이 발돋움을 하여 먼 곳을 바라본다는 의미로 '바라다', '꾀하다'의 뜻을 나타냅니다.

순서대로 예쁘게 써 보세요.

丿 亻 个 仐 企 企 6획

낱말
企業(기업) : 사회의 생산 단위로서 경제 활동을 하는 조직체
企圖(기도) : 일을 꾸며 내려고 꾀함

或
혹   혹

혹(혹시)이라는 뜻입니다.
혹이라고 읽습니다.

글자가 만들어진 과정

戈(창 과)에 口(국민을 뜻함)와 一(땅을 뜻함)을 합하여 만든 글자입니다. 적이 혹시 쳐들어오지 않을까 하여 창을 들고 국민과 땅을 지킨다는 의미로 '혹시'의 뜻을 나타냅니다.

순서대로 예쁘게 써 보세요.

一 ㄱ 丆 口 口 므 或 或 或   8획

낱말
或是(혹시) : 만일에, 어떤 경우에
或者(혹자) : 어떤 사람

옳을 시

옳다라는 뜻입니다.
시 라고 읽습니다.

글자가 만들어진 과정

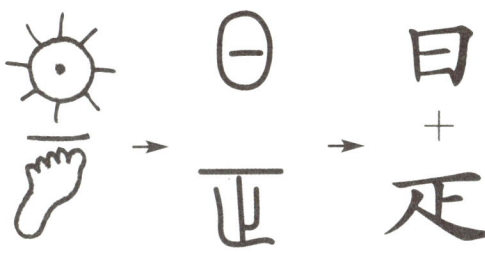

日(날 일)에 疋(正:바를 정의 변형)을 합하여 만든 글자입니다. 해처럼 아주 정확하고 바르다는 의미로 '옳다', '바르다'를 뜻합니다.

순서대로 예쁘게 써 보세요.

丨 冂 冃 日 旦 昰 昮 昻 是 9획

낱 말
是認(시인) : 옳다고 인정함
是正(시정) : 잘못된 것을 바로잡음

無
없을 무

없**다**라는 뜻입니다.
무라고 읽습니다.

글자가 만들어진 과정

큰 숲이 불에 타 없어진다는 의미로 𣟴(큰 숲이라는 뜻)과 灬(火:불 화의 변형)를 합하여 만든 글자입니다.

순서대로 예쁘게 써 보세요.

丿 𠂉 二 𠂋 𠂌 𠂍 𠂎 無 無 無 無 無 12획

낱 말
無心(무심):마음이 텅 빔
無用之物(무용지물):쓸모가 없는 사람이나 물건

美

아름다울 미

아름답다라는 뜻입니다.
미라고 읽습니다.

글자가 만들어진 과정

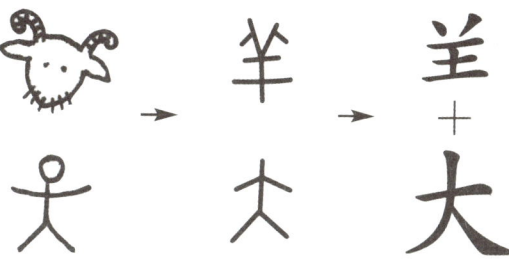

크고 살찐 양이 보기 좋다는 의미로 羊(양 양)과 大(큰 대)를 합하여 만든 글자입니다.

순서대로 예쁘게 써 보세요.

丶 丷 䒑 䒑 丷 半 䒑 美 美 9획

낱 말
美術(미술) : 아름다움을 조형적으로 표현하는 예술
美人(미인) : 용모가 아름다운 사람

 배운 한자를 써 봅시다.

告	音	色	國	邑
알릴 **고**	소리 **음**	빛 **색**	나라 **국**	고을 **읍**

배운 한자를 써 봅시다.

企	或	是	無	美
바랄 기	혹 혹	옳을 시	없을 무	아름다울 미

善

착할 선

착하다라는 뜻입니다.
선이라고 읽습니다.

글자가 만들어진 과정

아름답다는 의미로 잘 쓰이는 羊(양 양)과 아름다운 말을 뜻하는 㕣(言:말씀 언의 변형)을 합하여 만든 글자입니다.

순서대로 예쁘게 써 보세요.

丶 丷 丷 亗 亗 羊 羊 羔 羑 善 善 善 12획

낱말
善行(선행) : 착하고 어진 행실
善男善女(선남선녀) : 착하고 어진 사람들

差

차이 차

차이라는 뜻입니다.
차라고 읽습니다.

글자가 만들어진 과정

왼손을 아래로 드리웠을 때 오른손과 길이가 맞지 않다는 의미로 '어긋나다', '차이'를 뜻합니다. 垂(垂:드리울 수의 변형)과 左(왼쪽 좌)를 합하여 만든 글자입니다.

순서대로 예쁘게 써 보세요.

丶 丷 一 一 䒑 羊 差 差 差 差   10획

낱말
差別(차별) : 차등이 있게 구별함
差異(차이) : 서로 차가 있게 다름

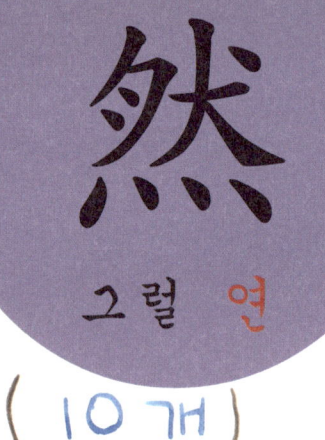

그럴 연

그러하다라는 뜻입니다.
연이라고 읽습니다.

글자가 만들어진 과정

불에 개고기를 그을려 먹는 것은 당연하다는 의미로 灬(火: 불 화의 변형)과 月(肉:고기 육의 변형), 그리고 犬(개 견)을 합하여 만든 글자입니다.

순서대로 예쁘게 써 보세요.

丿 ク 夕 夕 夕 夕 夕 夘 妖 妖 然 然 然 12획

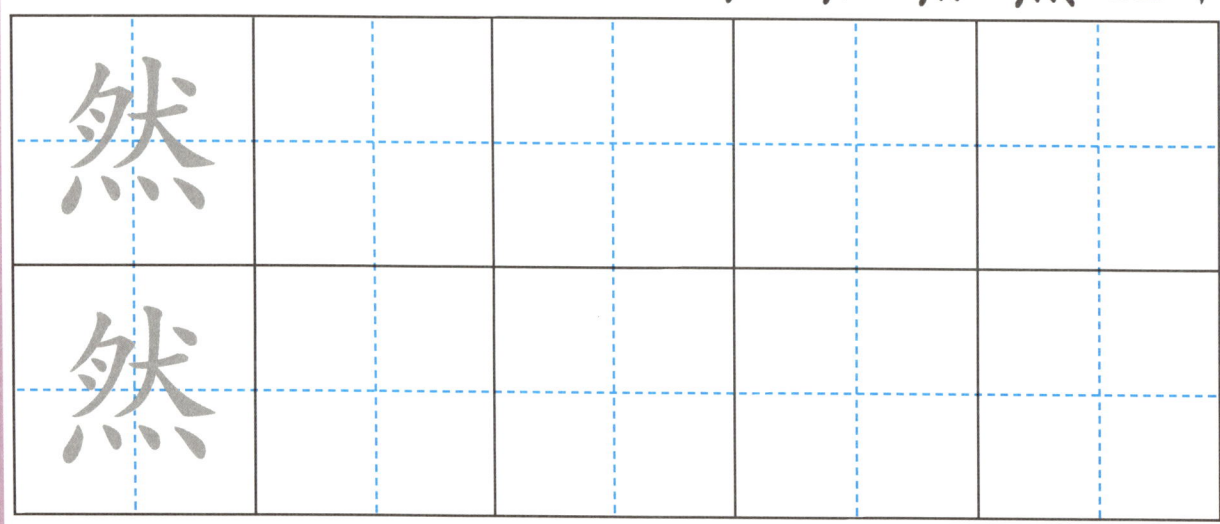

낱말 自然(자연): 원래 존재하거나 저절로 이루어지는 모든 사물의 현상. 우주의 질서

각각 각

각각이라는 뜻입니다.
각이라고 읽습니다.

글자가 만들어진 과정

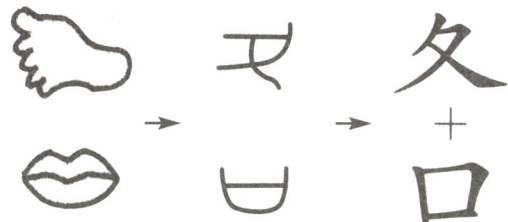

나중에 온 사람과 먼저 도착한 사람 말이 서로 다르다는 의미로, 夂(천천히 걸어 뒤에 오는 발)과 口(입 구)를 합하여 만든 글자입니다.

순서대로 예쁘게 써 보세요.

丿 ク 夂 冬 各 各 6획

낱말 各自(각자) : 자기 자신
各個(각개) : 따로따로 된 하나하나

異
다를 이

다르다라는 뜻입니다.
이라고 읽습니다.

글자가 만들어진 과정

가면을 쓰거나 해서 다른 사람이 된 것 같다는 의미로, 가면 쓴 사람의 모양을 본떠서 만든 글자입니다.

순서대로 예쁘게 써 보세요.

丨 冂 日 用 田 甲 甲 畀 畀 異 異 11획

낱말
異性(이성): 성질이 다름, 남녀의 성이 다름을 이르는 말
異質感(이질감): 다른 성질의 느낌

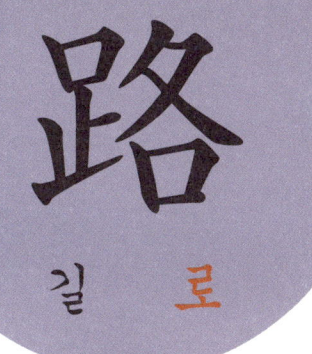

路
길 로

길이라는 뜻입니다.
로라고 읽습니다.

글자가 만들어진 과정

사람이 저마다 걸어서 다니는 길이라는 뜻으로, 𧾷(足: 발 족의 변형)에 各(각각 각)을 합하여 만든 글자입니다.

순서대로 예쁘게 써 보세요.

丨 冂 口 口 무 무 무 무 무 趵 趵 趵 路 路 13획

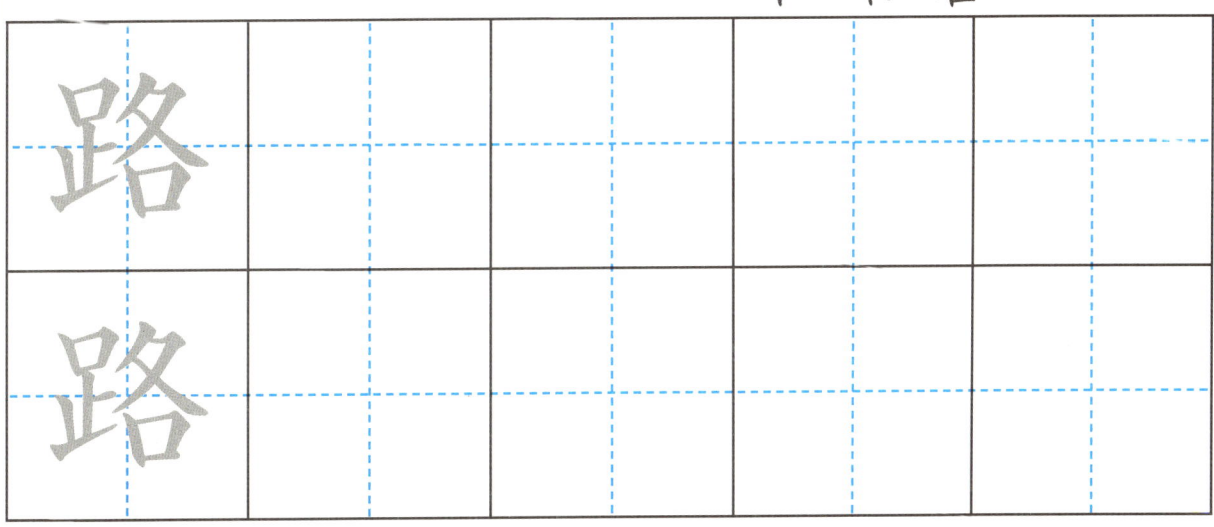

낱말
迷路(미로) : 어지럽게 갈래가 져 엇갈리기 쉬운 길
新作路(신작로) : 자동차가 다닐 수 있도록 넓게 닦은 길

저자 시

저자(시장)라는 뜻입니다.
시라고 읽습니다.

글자가 만들어진 과정

二 갈 지 획 줄임의 뜻 부분과

巾 수건 건의 뜻 부분을 합하여 만들었습니다.

생활에 필요한 옷감을 사기 위해서는 시장에 가야 한다는 의미입니다.

순서대로 예쁘게 써 보세요.

丶 亠 宀 产 市   5획

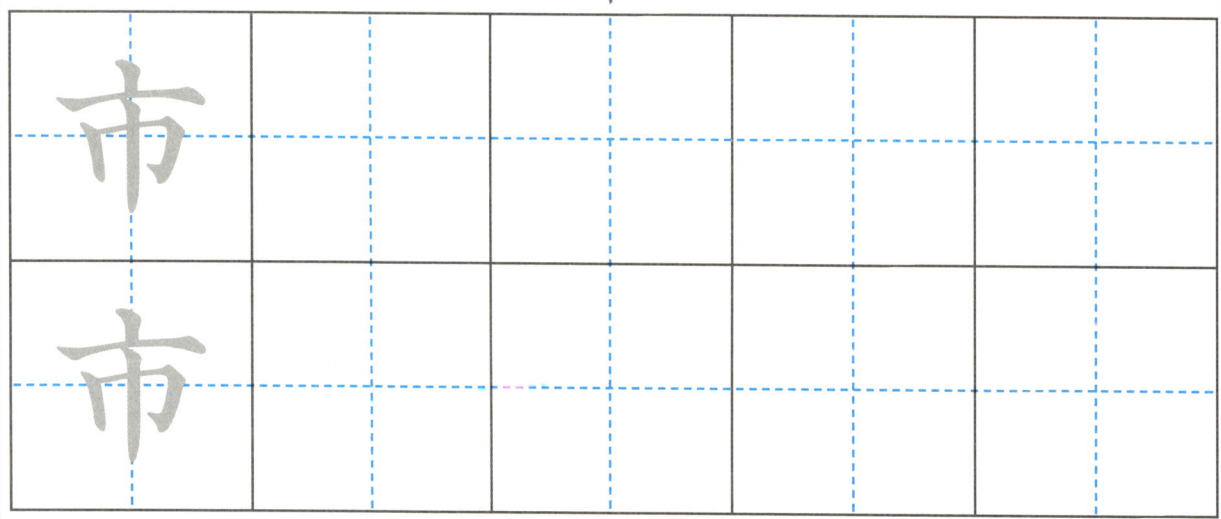

낱말
市場(시장) : 상인이 모여 상품을 매매하는 장소
市街地(시가지) : 시가를 이루는 토지

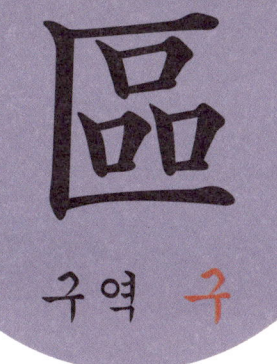

구역 구

구역이라는 뜻입니다.
구라고 읽습니다.

글자가 만들어진 과정

匚 감출 혜의 뜻 부분과

品 물건 품의 뜻 부분을 합하여 만든 글자입니다.

칸을 마련하여 물건을 각각 보관해 두는 것을 의미합니다.

 순서대로 예쁘게 써 보세요.

一 丆 吊 吊 吊 品 品 品 品 區 11획

낱말 區分(구분) : 대상을 어떤 기준에 의하여 나누는 것
區別(구별) : 종류에 따라 갈라놓음

班

나눌 반

나누다 라는 뜻입니다.
반 이라고 읽습니다.

글자가 만들어진 과정

珏 쌍옥 가의 뜻 부분과
刂 칼 도의 뜻 부분을 합하여 만들었습니다.

구슬을 칼로 쪼개서 증거물로 하나씩 나누어 가진 데서 만들어진 글자입니다.

 순서대로 예쁘게 써 보세요.

一 二 千 王 玉 珂 珏 珏 班 班 10획

낱말 班常會(반상회) : 이웃끼리 서로 돕는 정신을 기르기 위하여 모이는, 국민 조직의 최하 단위인 반 구성원의 월례회

間
사이 간

사이라는 뜻입니다.
간이라고 읽습니다.

글자가 만들어진 과정

門
日

문 문의 뜻 부분과

날 일의 뜻 부분이 합하여진 글자입니다.

햇살이 문틈으로 새어 들어 온다는 의미입니다.

 순서대로 예쁘게 써 보세요.

｜ ｢ ｢ ｢ 門 門 門 門 門 門 間 間 12획

間				
間				

낱말
眉間(미간) : 눈썹 사이
中間(중간) : 가운데

 배운 한자를 써 봅시다.

善	差	然	各	異
착할 선	차이 차	그럴 연	각각 각	다를 이

배운 한자를 써 봅시다.

路	市	區	班	間
길 로	저자 시	구역 구	나눌 반	사이 간

後
뒤 후

뒤라는 뜻입니다.
후라고 읽습니다.

| 글자가 만들어진 과정 |

彳 자축거릴 척의 뜻 부분

幺 작을 요의 뜻 부분

夂 뒤져올 치의 뜻 부분이 합하여진 글자입니다.

뒤뚱뒤뚱 처져서 걷는 어린 아이의 모습을 의미합니다.

 순서대로 예쁘게 써 보세요.

丿 ㇀ 彳 彳 彳 彳 彳 彳 後 後 9획

| 낱말 | 後進(후진):뒤쪽을 향해 나아감
背後(배후):등뒤. 일의 이면 |

지경 계
세계 계

지경(경계), 세계를 뜻합니다.
계라고 읽습니다.

글자가 만들어진 과정

田 밭 전의 뜻 부분과
介 낄 개의 음 부분을 합하여 만들었습니다.

밭과 밭 사이 경계를 의미합니다.

순서대로 예쁘게 써 보세요.

丨 冂 曰 田 田 罘 罘 界 界 9획

界				
界				

낱말
境界(경계) : 사물이 어떤 표준 밑에 서로 맞닿는 자리
世界(세계) : 온 세상. 지구상의 인류 사회 전체

133

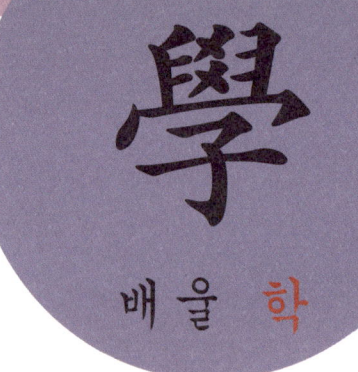

배울 학

배우다라는 뜻입니다.
학이라고 읽습니다.

글자가 만들어진 과정

臼 손깍지 낄 곡의 음 부분

爻 사귈 효의 뜻 부분

⼍ 덮을 멱의 뜻 부분

子 아들 자의 뜻 부분이 합하여진 글자입니다.

아이들이 손잡고 모여, 한 지붕 아래에서 글을 배운다는 의미입니다.

순서대로 예쁘게 써 보세요.

16획

낱말
學習(학습): 배워서 익히는 일
學級(학급): 같은 시기와 장소에서 학습하는 학생의 집단

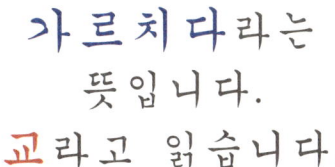

가르칠 교

가르치다라는
뜻입니다.
교라고 읽습니다.

글자가 만들어진 과정

孝 배워서 익힘의 뜻 부분과

攵 칠 복의 변형 뜻 부분을
합하여 만들었습니다.

어린이를 올바르게 가르치기 위하여 회초리로 지도한다는 의미입니다.

순서대로 예쁘게 써 보세요.

丿 丷 亠 푸 耂 考 孝 孝 孝 敎 敎 11획

낱말 敎科書(교과서) : 학교 교과용으로 편찬된 도서
      敎授(교수) : 대학에서 학생 지도와 연구에 종사하는 교원

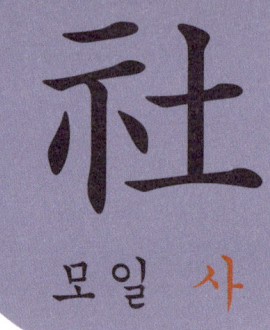

모일 사

모이다 라는 뜻입니다.
사 라고 읽습니다.

글자가 만들어진 과정

示 보일 시의 뜻 부분과

土 흙 토의 뜻 부분을 합하여 만들었습니다.

땅의 신에게 제사를 지내기 위해 사람들이 모여드는 것을 의미합니다.

 순서대로 예쁘게 써 보세요.

一 ニ テ 干 亓 示 示ー 礻十 社 8획

낱말 社交(사교) : 사회적으로 교제하여 사귀는 것
社長(사장) : 회사의 우두머리

會
모일 회

모이다라는 뜻입니다.
회라고 읽습니다.

글자가 만들어진 과정

亼 모으다의 뜻 부분과

曾 더해지다의 뜻 부분이 합하여진 글자입니다.

사람들이 모여 있는 곳으로 더 많은 사람들이 모여 든다는 의미입니다.

순서대로 예쁘게 써 보세요.

丿 亼 亼 亼 今 侖 侖 侖 侖 侖 曾 曾 會 **13획**

낱 말
會議(회의) : 여럿이 모여 의논함
宗親會(종친회) : 일가붙이끼리 모여서 하는 모꼬지

137

길 도

길이라는 뜻입니다.
도라고 읽습니다.

글자가 만들어진 과정

辶 쉬엄쉬엄 갈 착의 뜻 부분과

首 머리 수의 뜻 부분이 합하여진 글자입니다.

머리로 생각을 하며 걸어야 할 바른 길, 사람의 도리를 의미합니다.

순서대로 예쁘게 써 보세요.

丶 丷 䒑 ㅛ 产 䒑 首 首 首 渞 渞 道 13획

낱말   道德(도덕): 인간으로서 마땅히 지켜야 할 도리 및 그에 준한 행위

相
서로 상

서로라는 뜻입니다.
상이라고 읽습니다.

글자가 만들어진 과정

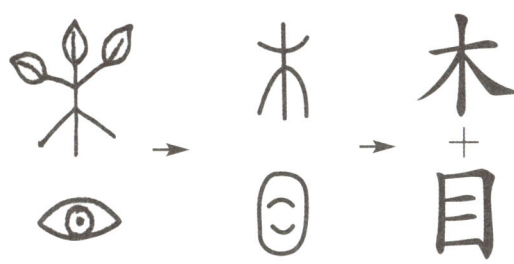

눈이 나무를 보고 있는 모양을 나타낸 木(나무 목)과 目(눈 목)을 합한 글자입니다. 마주 보고 있다고 해서 '서로'를 뜻합니다.

순서대로 예쁘게 써 보세요.

一 十 才 木 村 机 相 相 相 9획

| 낱말 | 相扶相助(상부상조) : 서로서로 돕는 것 |
| | 相互間(상호간) : 서로의 사이 |

直
곧을 직

곧다라는 뜻입니다.
직이라고 읽습니다.

글자가 만들어진 과정

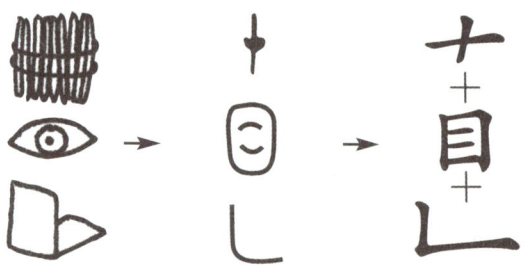

十(열 십)과 目(눈 목)과 ㄴ(숨다라는 뜻)을 합하여 만든 글자입니다. 열 개의 눈으로 보면 숨겨진 것을 바르게 찾아낼 수 있다는 의미로 '바르다', '곧다'라는 뜻이 됩니다.

순서대로 예쁘게 써 보세요.

一 十 亠 古 古 直 直 直 8획

낱 말
直線(직선) : 곧은 줄
直接(직접) : 중간에 매개나 거리·간격 없이 바로 접함

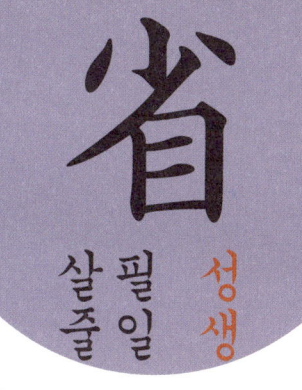

省
살필 성
줄일 생

살피다, 줄이다 라는 뜻입니다.
성, 생 으로 읽습니다.

글자가 만들어진 과정

아주 적은 것들끼리 눈으로 살핀다는 의미로 少(적을 소)와 目(눈 목)을 합하여 만든 글자입니다. '줄이다' 라는 뜻으로도 쓰입니다.

순서대로 예쁘게 써 보세요.

丿 亅 小 少 尐 尐 省 省 省　9획

낱말　省墓(성묘) : 조상의 산소를 찾아 돌봄
　　　反省(반성) : 자기의 행위에 대하여 옳고 그름을 가림

141

 배운 한자를 써 봅시다.

後	界	學	教	社
뒤 **후**	지경 **계**	배울 **학**	가르칠 **교**	모일 **사**

배운 한자를 써 봅시다.

會	道	相	直	省
모일 회	길 도	서로 상	곧을 직	살필 성

春
봄 춘

봄이라는 뜻입니다.
춘이라고 읽습니다.

글자가 만들어진 과정

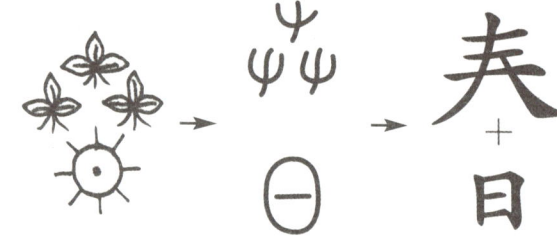

초목을 뜻하는 夫에 日(날 일)을 합하여 만든 글자입니다. 따뜻한 햇살에 꽃과 풀이 돋아나는 시기인 '봄'을 의미합니다.

순서대로 예쁘게 써 보세요.

一 二 三 丰 夫 未 春 春 春 9획

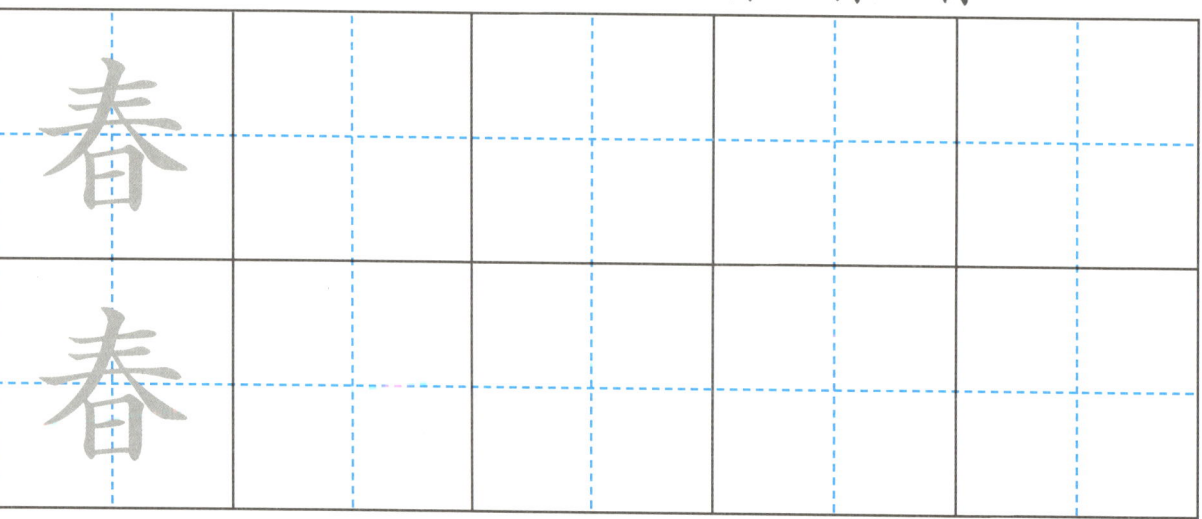

낱말
立春大吉(입춘대길): 입춘을 맞이하여 길운을 기원하는 글
春三月(춘삼월): 봄의 끝 달인 음력 삼월

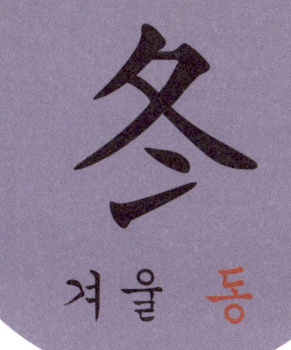

冬
겨울 동

겨울이라는 뜻입니다.
동이라고 읽습니다.

글자가 만들어진 과정

천천히 걸어오는 발을 뜻하는 夂에 얼음을 뜻하는 冫을 합하여 만든 글자입니다. 맨 나중에 오는 계절이며, 얼음이 어는 '겨울'을 뜻합니다.

순서대로 예쁘게 써 보세요.

ノ ク 夂 冬 冬   5획

낱말 冬將軍(동장군) : 겨울 추위의 또 다른 이름
越冬準備(월동 준비) : 겨울을 날 준비

 배운 한자를 써 봅시다.

春	冬			
봄 춘	겨울 동			

 배운 한자의 뜻과 음을 써 봅시다.

1. 告 (　　　　)
2. 音 (　　　　)
3. 色 (　　　　)
4. 國 (　　　　)
5. 邑 (　　　　)
6. 企 (　　　　)
7. 或 (　　　　)
8. 是 (　　　　)
9. 無 (　　　　)
10. 美 (　　　　)

11. 善 (　　　　)
12. 差 (　　　　)
13. 然 (　　　　)
14. 各 (　　　　)
15. 異 (　　　　)
16. 路 (　　　　)
17. 市 (　　　　)
18. 區 (　　　　)
19. 班 (　　　　)
20. 問 (　　　　)

21. 後（　　　）

22. 界（　　　）

23. 學（　　　）

24. 教（　　　）

25. 社（　　　）

26. 會（　　　）

27. 道（　　　）

28. 相（　　　）

29. 直（　　　）

30. 省（　　　）

31. 春（　　　）

32. 冬（　　　）

한자공부 이렇게 하자!

☞ **한자, 원리를 알면 쉽게 배운다**

육서(六書)

사용되고 있는 한자를 각 글자별 사용예(使用例)를 고찰하여 그 정확한 의미를 파악하고, 동시에 그 자형(字形)의 성립과정을 구조적으로 분석해 보면 한자의 조자원리(造字原理)는 6가지로 귀납된다. 이를 육서(六書)라 한다.

육서는 상형(象形)·지사(指事)·회의(會意)·형성(形聲)·전주(轉注)·가차(假借)로 나뉜다. 그중 상형한자와 지사한자는 홑글자인 단체자(單體字)이고, 회의한자와 형성한자는 겹글자인 합성자(合成字)이다. 그리고 전주와 가차는 이미 만들어진 글자들을 다른 뜻으로 전용(轉用)해 쓰는 것을 말한다.

상형 (象形)	한자의 가장 기본적인 조자방법(造字方法)으로, 사물의 구체적인 형상을 본떠서 만든 글자이다. 어떤 사물의 특징을 그림으로 그려서 만들어 낸 회화문자(繪畵文字)인 것이다. 예) 日, 月, 山, 木, 口, 田, 水, 川, 人, 牛, 門, 目, 手, 耳, 象, 馬, 龜, 雨, 羊
지사 (指事)	사물의 모양으로는 본뜰 수 없는 추상적인 개념을, 점이나 선과 같은 부호를 이용하여 상징적으로 나타낸 글자이다. 예) 一, 二, 三, 上, 中, 下, 本, 大, 小, 太, 末, 立, 京, 北, 西, 交, 王, 互, 永, 入
회의 (會意)	상형이나 지사에 의해 이미 만들어진 글자를 서로 결합하여 만든 새로운 글자이다. 상형이나 지사 글자들이 갖는 뜻을 모아 새로운 의미를 갖는 글자를 말한다. 예) 林, 炎, 多, 竝, 雙, 明, 昌, 男, 仁, 囚, 坤, 尖, 忘, 忠, 災, 東, 枯, 坐, 晶, 姦, 森
형성 (形聲)	모양과 소리를 결합시켜 만든 새로운 글자로, 한쪽은 뜻을 다른 한쪽은 소리를 나타낸다. 예) 姑, 鋼, 房, 仕, 凍, 唱, 城, 指, 洋, 悟, 征, 障, 村, 時, 碑, 被, 程, 紀, 誠, 輪, 飯, 肝, 字
전주 (轉注)	한 글자를 여러 의미로 사용하는 것을 말한다. 예) 惡:악할 악, 미워할 오, 어찌 오　　更:고칠 경, 다시 갱생(更生) 　　復:돌아올 복권(復權), 다시 부활(復活)　狀:형상 상태(狀態), 졸업 문서 장(卒業狀) 　　易:바꿀 역, 쉬울 이　　　　　　　　行:다닐 행, 항 항렬 렬(行列) 　　樂:즐거울 락, 풍유 악, 좋아할 요　　降:하 내릴 강(下降), 항복할 항복(降服) 　　說:말씀 설, 기쁠 열, 유 달랠 세(遊說)　切:끊을 절단(切斷), 일 온통 체(一切) 　　沈:잠길 침묵(沈默), 성(姓) 심　　　直:곧을 직, 값 치 　　見:볼 견, 나타날 현　　　　　　　　北:북녘 북, 패 달아날 배(敗北)
가차 (假借)	어떤 글자가 가지고 있는 의미와 상관없이 그 글자가 가지고 있는 음(音)만 빌어서 다른 사물을 나타내는 것을 말한다. 예) Asia:亞細亞(아세아)　　　　　India:印度(인도) 　　Austria:奧地利(오지리)　　　 Canada:加拿大(가나대) 　　New York:紐約(뉴욕)　　　　Roma:羅馬(라마) 　　Buddha:佛陀(불타)　　　　　Cocacola:可口可樂(가구가락) 　　Colombia:哥倫比亞(가륜비아)　Washington:華盛頓(화성돈) 　　Panama:巴拿馬(파나마)

이 책의 그림을 그려주신 홍태희 선생님은,
세종대학교와 PARIS8 대학에서 서양화를 공부하셨습니다.
외국어 학원, 미술학원, 유치원에서 학생 지도를 하시면서
어린이에게 꼭 필요한 책을 기획하고 계십니다.

감수를 맡아주신 안문길 선생님은,
고려대학교 국문학과를 졸업하셨으며,
중암고등학교에서 국어교사로 재직하셨고
현재는 소설가로 활동하고 계십니다.

한자, 원리를 알면 쉽게 배운다 ③
덧셈으로 배우는 회의한자

초판 1쇄 인쇄　2015년 12월 1일
초판 1쇄 발행　2015년 12월 10일

기획·편집　　어린이 선비교실
그　　림　　홍태희
감　　수　　안문길
펴 낸 이　　김종윤
펴 낸 곳　　자유지성사
출판등록　　제 2-1173호

전화　02) 333-9535
팩스　02) 6280-9535
E-mail: fibook@naver.com

ISBN 978-89-7997-317-4 (73720)

*잘못된 책은 구입하신 서점에서 교환해 드립니다.
*엮은이와 협의에 의해 인지는 생략합니다.